Holger Wilhelm

Gegen die Angst „dass die Gäst den Wirth vertreiben"
Zuwanderung und Fremde in der Stadtgeschichte von Frankfurt am Main

Schriftenreihe des Evangelischen Regionalverbandes Frankfurt am Main – Nr. 39

Holger Wilhelm

Gegen die Angst
„dass die Gäst den Wirth vertreiben"
(Frankfurter Ratschlagungsprotokolle 31.8.1624)

Zuwanderung und Fremde in der Stadtgeschichte von Frankfurt am Main

ISBN: 978-3-922179-52-8
ISSN: 0344-3957
© Evangelischer Regionalverband, Frankfurt am Main 2016
Satz und Layout: Hans-Jürgen Manigel, Hochheim/Main
Druck: Chmielorz, Wiesbaden
Umschlaggestaltung: Hans-Jürgen Manigel, unter Verwendung des Gemäldes:
Fischmarkt auf dem Römerberg, Christian Georg Schütz d. Ä.,
Frankfurt am Main 1754, Öl auf Holz.
historisches museum frankfurt
G0014, Foto: Horst Ziegenfusz

Zum Autor

Holger Wilhelm, geboren 1970, ist seit 2002 evangelischer Pfarrer in Frankfurt am Main-Hausen. Sein Theologiestudium absolviert der Autor in Frankfurt am Main und Heidelberg. Es folgt das Vikariat in Bad Homburg und das Spezialvikariat als Abschluss der Ausbildungszeit auf dem Frankfurter Flughafen. Dort arbeitet er in der Personalentwicklung der Fraport AG mit, hauptsächlich im Bereich Kommunikationstraining.

Holger Wilhelm, Pfarrer in der Ev. Kirchengemeinde Frankfurt a. M.-Hausen.

Foto: Rolf Oeser

Aufgewachsen in Egelsbach, südlich von Frankfurt, ist Holger Wilhelm der Stadt und ihrer Geschichte bereits in jüngeren Jahren verbunden. Die Auseinandersetzung mit der Historie begleitet ihn an verschiedenen Lebensstationen. So erarbeitet Holger Wilhelm in Heidelberg die Geschichte eines Altstadthauses, das zum Studentenwohnheim umgebaut wurde. Kirchengeschichtliche Themen sind Schwerpunkte im Examen.

Pfarrberuflich in Frankfurt-Hausen angekommen, bewohnt Holger Wilhelm dort mit seiner Familie das älteste „im Dienst befindliche" evangelische Pfarrhaus Frankfurts aus dem Jahr 1775/76. Er engagiert sich 2006 privat in der Planungswerkstatt für das Dom-Römer-Projekt. Seine intensive Auseinandersetzung mit der Historie dieses kleinen Stücks Altstadt ist Ausgangspunkt für weitergehende historische Studien zur Stadt- und Kirchengeschichte Frankfurts. Neue Impulse aus der interkulturellen und interreligiösen Begegnungsarbeit im Stadtteil Hausen führen schließlich zur Idee für dieses Buch.

Inhalt

Zum Autor   5

1   Einleitung   11
    1.1   Es geht nicht ohne die „Anderen" – Ein Vorwort   11
    1.2   Zur Idee dieses Buches   14
    1.3   Zum Aufbau   16

2   Merowinger, Karolinger, Staufer – Ein internationaler Start   18
    2.1   Ein Rendezvous der Völker – Der Domhügel von der Steinzeit bis zum Frankenreich   18
    2.2   Eine multikulturelle Freundschaft – Was das Mädchengrab im Dom erzählt   19
    2.3   Frankfurts Eintritt in die Geschichtsbücher – Die Pfalzen der Karolinger und Staufer   23
    Orte des Geschehens   27

3   Fremde in der Stadt – Aufenthaltsstatus und Konflikte   28
    3.1   Bürger, Beisassen, Fremde – Die Organisation von Macht und Teilhabe in der Reichsstadt Frankfurt   28
    3.2   Juden – Rechtssituation sowie soziale und wirtschaftliche Aspekte   34
    3.3   Konfliktpotenziale im Umgang mit Fremden   37
    Orte des Geschehens   39

4   Frankfurts Juden – Ein zwiespältiges Verhältnis   40
    4.1   Jüdische Gemeinde und Einwanderungsgruppen um 1600   40
    4.2   Frühe Konflikte – Das Leinwandhaus auf jüdischen Mauern   41
    4.3   Die Zeit im Ghetto – Städtisch kontrollierter Zuzug   47
    Orte des Geschehens   48

5   Türkenkriege und erkaufter Frieden   49
    5.1   Muslime auf Gesandtschaft in Frankfurt   49
        5.1.1 Europa und das Osmanische Reich   49
        5.1.2 Erste Berührungen in Frankfurt   52
    5.2   Die Krönung Maximilians II. im November 1562   58

		5.3 Weitere Erwähnungen von Muslimen in Frankfurt	59
		Orte des Geschehens	61

6	Niederländische Glaubensflüchtlinge – Konfessionskampf und Staatsraison	62
	6.1 Die Lage in Frankfurt und Antwerpen um die Mitte des 16. Jahrhunderts	62
	6.2 Die Aufnahme der ersten Glaubensflüchtlinge 1554	66
	6.2.1 Streit um den reformierten Gottesdienst in Konkurrenz mit Hanau	68
	6.2.2 Lutherische Flüchtlinge	72
	Orte des Geschehens	74

7	Niederländische Glaubensflüchtlinge – Geld, Macht und Neid	75
	7.1 Reichtum und Identität – Integrationsschwierigkeiten	75
	7.2 Haus Zur Goldenen Waage – Niederländisches Prunkstück mit Neidfaktor	84
	7.3 Bernusbau im Saalhof – Ein weiteres Beispiel niederländischer Prunksucht?	87
	Orte des Geschehens	89

8	Haus Zum Engel am Römerberg – Geschichten von protestantischem Stolz und Kunst von Zuwanderern	90
	Ort des Geschehens	94

9	Der Fettmilch-Aufstand – Wo alles zusammenkommt	95
	9.1 Ein Binger Weinhändler setzt auf das falsche Pferd	95
	9.2 Soziale und wirtschaftliche Schieflagen mischen sich mit religiöser Ausgrenzung	97
	9.3 Fettmilch-Aufstand und Patrona-Revolte: Ein Vergleich zu sozialen Grenzziehungen und polemischen Feindbildern	105
	Orte des Geschehens	108

10	Zuzug von italienischen Händlern	109
	10.1 Ältere Einwandererkarrieren aus deutschen Landen	109
	10.2 Der Venedighandel der Blumengesellschaft	110
	10.3 Händler aus Italien	113

10.4 Vom Pommeranzengängler zum Großhändler - Die Familie Brentano vom Comer See	115
Orte des Geschehens	120

11 Goethes West-östlicher Divan und die Wahrnehmung des Islam um 1800 — 121

11.1 Frühe Faszination für den Orient	121
11.2 Die Entstehung des West-östlichen Divans	124
11.2.1 Hafis	124
11.2.2 Marianne	125
11.2.3 Goethes Divan	128
Orte des Geschehens	130

12 Die Fulder Börse — 131

12.1 Arbeitsmigration des 19. Jahrhunderts	131
12.2 Beda Weber, katholischer Stadtpfarrer und Begründer einer neuen Großstadtseelsorge	134
Orte des Geschehens	137

13 Die Exotik des Fremden – Das Thema dieses Buches noch einmal anders betrachtet — 138

13.1 Romantischer und überheblicher Blick	138
13.2 Wachsende wirtschaftliche Überlegenheit Mitteleuropas	142
13.3 Europa im Übermut	144
Orte des Geschehens	147

Rundgänge – Die Orte des Geschehens — 148

Am Römerberg	148
Rund um den Dom	150
Westliche und nördliche Altstadt	152
Ehemalige Judengasse	154
Neustadt/Innenstadt	155
Im weiteren Stadtgebiet	156

Dank	158
Literatur	160
Bildnachweis	166

1 Einleitung

1.1 Es geht nicht ohne die „Anderen" – Ein Vorwort

„Städte entstehen, wachsen und leben durch Zuwanderung. Aus sich heraus können sie sich nicht einmal regenerieren." Mit diesen Sätzen hat Jan Gerchow, Direktor des Historischen Museums Frankfurt am Main, einen Katalog zu einer Ausstellung eingeleitet, die im Jahr 2005 in Frankfurt und Antwerpen gezeigt wurde. Es ging um die immense Zuwanderung von niederländischen Glaubensflüchtlingen nach Frankfurt in den Jahrzehnten vor und nach 1600.

In unserer geschichtlichen Phantasie stellen wir uns gerne vor, dass es früher kaum Begegnungen mit Menschen anderer Kultur, Sprache oder Hautfarbe gegeben habe. In der Regel blieb die Begegnung mit solchen Fremden in vielen Jahrhunderten tatsächlich zahlenmäßig der Ausnahmefall und hatte so die Anziehungskraft des Exotischen. Wer sich aber mit der Einwanderungswelle der Niederländer beschäftigt, wird über ihr Ausmaß überrascht sein. Es war eine Zeit der intensiven Begegnung und Auseinandersetzung der Stadtgesellschaft mit religiös und sprachlich fremden Zuwanderern. Nur haben wir diese Erfahrung nicht mehr im kollektiven Gedächtnis. Vielmehr noch: Im Rückblick ist aus den anfangs verhassten Fremden ein integraler Teil des eigenen geschichtlichen Selbstverständnisses geworden. Die spätere „wohlwollende Vereinnahmung" überdeckte, wie groß die Konflikte am Anfang waren. Viele Vorgänge von damals dürften uns heute sehr bekannt vorkommen.

Andere Veränderungen in der Bevölkerungsstruktur hatte die Stadt schon längst mit ihrer Jüdischen Gemeinde erlebt, mit der sie eine sehr lange und wechselvolle Geschichte verbindet. Es ist darüber hinaus klar, dass Frankfurt als Handels- und Messestadt ohnehin Berührungspunkte mit Reisenden aus aller Herren Länder hatte. Zu allen Zeiten haben sich immer wieder Händler aus anderen Städten wegen der Messen hier niedergelassen. Insofern trifft die oben genannte geschichtliche Phantasie eben doch nicht ganz zu. Die Stadt war in ihren politischen und sozialen Strukturen relativ durchlässig für Zuwanderer, sofern sie Geld und Einfluss mitbrachten und nicht in Scharen kamen. Das galt z. B. für die italienischen Händler, die sich hier niederließen. Die Einwanderungsgeschichte der Familie Brentano ist ein Beleg dafür. Damit ist auch gleich ein kritischer Punkt benannt: Die „Zuwanderungspolitik" der Stadt, soweit man von einer solchen reden möchte, war stets davon geprägt, was der Stadt Vorteil brachte. Insofern ist sie natürlich auch in Frage zu stellen.

Fremd ist nicht gleich fremd

Bei der Betrachtung von „Fremdheit" in diesem Buch ist wichtig zu verstehen: Erst die Bildung von Nationalstaaten Ende des 19. Jahrhunderts hat auch den Begriff des „Ausländers" zum sprachlich und kulturell Fremden hin bestimmt. Bis dahin war schon ein Bockenheimer aus der Grafschaft Hanau rechtlich in Frankfurt nicht besser gestellt als ein Händler aus Italien. Bei einer Betrachtung der früheren Erfahrungen mit Fremden wird also der Begriff „Ausländer" nicht weiter helfen. Politische „Ausländer deutscher Nation" wurden kulturell erkennbar anders wahrgenommen als fremdsprachige „Ausländer". Ihre rechtliche Stellung war jedoch nicht besser.

Zu dieser für uns heute recht ungewohnten Gemengelage aus Fremd und Eigen bietet der vorliegende Band eine spannende Auswahl an Begebenheiten – jedoch ohne Anspruch auf Vollständigkeit. Er will vor allem erzählen und unser Bewusstsein erweitern. Auf eine klare Definition des „Fremden" wird verzichtet. „Fremde" können Menschen sein, die wir auch heute als „Ausländer" bezeichnen würden; ebenso aber solche, die damals aus religiösen oder anderen Gründen als „fremd" erlebt wurden. Es interessiert dabei mehr das Faktum, dass es immer auch die „Anderen" in der Stadt gab, als die genaue Definition von Fremdheit.

Im 19. Jahrhundert bleibt nichts wie es war

Der massenhafte Zuzug von Arbeitskräften in der Zeit der Industrialisierung im 19. Jahrhundert markiert einen Wendepunkt intensiver Erfahrung mit der Aufnahme „fremder" Menschen. Es ist das Jahrhundert, in dem in Deutschland endlich ein Nationalstaat entsteht – begleitet von massiven sozialen und politischen Konflikten, die Frankfurt in Form der Paulskirchenrevolution von 1848 intensiv miterlebt hat. Spätestens mit der Annektierung Frankfurts durch

Preußen 1866 ist die Grenze zu einem Zeitalter erreicht, das in seinen Fragestellungen denen unserer Zeit schon sehr ähnelt.

Um 1800 hatte Frankfurt etwa 40.000 Einwohner gehabt. Einhundert Jahre später sollten es gut siebenmal so viele sein. Die Stadtbevölkerung begann, sich in einem sogar für uns heute atemberaubenden Tempo zu vervielfachen. Um 1900 zählte die Stadt knapp 300.000 Einwohner. Die dazu gehörenden Problematiken waren eine große Wohnungsnot und die damals einsetzende Verslumung in der Altstadt trotz riesiger Neubaugebiete. Man kam mit dem Bau von bezahlbarem Wohnraum dem stetig wachsenden Bedarf schlicht nicht hinterher. Es war nicht zuletzt auch das Anliegen des preußischen Staates, durch seine Annexionspolitik alte strukturelle Hemmnisse zu zerschlagen und die Grundlagen für die Bewältigung der riesigen sozialen und wirtschaftlichen Aufgaben zu schaffen.

Frankfurt wurde in der zweiten Hälfte des 19. Jahrhunderts zu einer „anonymen" Großstadt. Das muss die Wahrnehmung von Fremd und Eigen massiv verändert haben. Zugleich kamen gegenüber der verarmten Unterschicht völlig neue soziale Aufgaben in den Blick, ohne deren Wahrnehmung unsere moderne, sozialkaritativ geprägte Stadtgesellschaft und die Idee des Wohlfahrtsstaats nicht denkbar wären.

Auf dieses Zeitalter des Umbruchs nimmt der vorliegende Band mit zwei Kapiteln einen letzten Blick, bevor die Betrachtung endet. Denn wir treten hier in eine Zeit ein, deren Fragestellungen wir letzlich gut kennen. Der Schwerpunkt des erhellenden Blicks in die Vergangenheit liegt deshalb auf den früheren Jahrhunderten.

„Es geschieht nichts Neues unter der Sonne." (Die Bibel, Prediger 1,9)

Zuwanderung erzeugt Konflikte, damals wie heute. Eine typische Reaktion auf Migrationsdruck war z. B. die rigorose Umsetzung des „Nahrungsschutzes" für die Bürger, der sich in unseren Tagen mit dem Konzept der „Festung Europa" und den Folgen des Dublin-Abkommens vergleichen lässt. Vor vierhundert Jahren gab es zudem ganz ähnliche Verteilungskämpfe um die zur Verfügung stehenden Sozialmittel, wie wir sie heute kennen. Auch fällt auf, dass schon die spätmittelalterliche Gesellschaft eine präzise Rechtsordnung unterschiedlicher Aufenthaltsstatus mit entsprechenden Rechten und Einschränkungen kannte und streng handhabe.

Auf der anderen Seite waren mit den Migrationserfahrungen virulente Steigerungen von Wirtschaftskraft und Handel verbunden – ein Effekt, der uns heute, im Zeitalter Frankfurts als europäische Finanzmetropole, ruhig wieder bewusster werden darf. Einwanderung hatte vor Hunderten von Jahren genauso wie heute nicht nur schlechte und nicht nur gute Seiten. Sie brachte Aufschwung und Innovation, aber auch soziale Konflikte und Armutsprobleme. Alle diese Erfahrungen machen wir heute auch, nicht erst im Rahmen der jüngsten Flüchtlingswelle aus dem Nahen Osten.

Beim Blick in die Vergangenheit erkennen wir, dass die Probleme unserer Zeit nicht unbedingt neu sind, wenn auch die Bedingungen anders sind. Das macht den Umgang mit den Integrationskonflikten heute nicht leichter. Aber wir können begreifen, dass sie zum Leben einer vitalen Stadt schlicht und ergreifend dazugehören. Integration ist nicht erst eine vermeintlich negative Problemstellung unserer Zeit, sondern eine immer wieder neu zu leistende Aufgabe für eine Stadt und ihre Menschen, wenn die Stadt lebendig und attraktiv bleiben will. In diesem Sinne ist dieses Buch eines „Gegen die Angst, dass die Gäst den Wirth vertreiben könnten".

Der Beitrag der Religionsgemeinschaften zur Verarbeitung und Verminderung solcher Ängste war in den vergangenen Jahrhunderten nicht allzu groß. Offenbar waren die Grenzen der Nationalitäten dabei leichter zu überwinden als die der Konfessionen. Nur innerhalb der Konfessionen wurde einiges an Integration geleistet. Im 21. Jahrhundert scheint dies genau umgekehrt zu sein. Während die Religionsgemeinschaften auf übergeordneter Ebene ökumenische Kontakte pflegen und sich in interreligiösem und interkulturellem Dialog üben, finden innerhalb einer Gemeinde die Menschen unterschiedlicher Kulturen kaum zusammen. Es ist noch viel zu tun!

1.2 Zur Idee dieses Buches

Dieses Buch ist die verschriftlichte Form einer mehrteiligen Stadtführung, die im Rahmen meines dreimonatigen Studienurlaubs im Sommer und Herbst 2014 entstanden ist. Das Besondere liegt sicher nicht in einer neuen wissenschaftlichen Durchdringung der einzelnen Themen, sondern in der erzählerischen und reich bebilderten Darstellung. Das Buch stützt sich auf die Fachliteratur, dürfte aber nur an wenigen Stellen in einem wissenschaftlichen Sinn neue Erkenntnisse präsentieren. Mit dem Überblickswerk von Ernst Karpf[1] existiert bereits eine Gesamtdarstellung zur Immigrationsgeschichte in Frankfurt.

Der Fachliteratur will dieses Buch also keine Konkurrenz machen. Es wendet sich vielmehr an alle interessierten Bürgerinnen und Bürger unserer Stadt. Leicht verständlich, spannend und detailreich dargestellt, lassen sich viele aktuelle Fragen der Einwanderungsproblematik sowie des interkulturellen und interreligiösen Dialogs mit Erfahrungen aus früheren Zeiten vergleichen. Annähernd einhundert Abbildungen und die Benennung historischer Orte machen das Erzählte plastisch und nacherlebbar. So entsteht ein Gesamtbild der Frankfurter Stadtgeschichte, das unsere heutige Situation in einem anderen Licht erscheinen lässt. Nur selten kommentiere ich das Erzählte. Die Leserinnen und Leser werden es schnell selbst auf die heutige Situation beziehen können. Wir lernen unsere vitale Stadt und unsere eigene Rolle als Bürgerinnen und Bürger neu und anders kennen.

Daneben wendet sich das Buch auch an Zugezogene, gleich welcher Herkunft. Die Erzählungen binden wesentliche Eckpfeiler der Frankfurter Stadtgeschichte ein und vermitteln so einen Eindruck, wo man gerade eigentlich lebt. Dies geschieht aus der Überzeugung heraus, dass Menschen nur „der Stadt Bestes suchen können" (Die Bibel, Jeremia 29,7), wenn sie diese nicht nur in ihrer heutigen Gestalt, sondern auch in ihrem geschichtlichen Werden verstehen lernen. Aus diesem Grund habe ich für die thematische Auswahl ein historisch sehr breites Zeitfenster gewählt, das von den Gründungszeiten der Stadt bis ins 19. Jahrhundert reicht.

Beim Lesen werden auch „Einheimische" feststellen, dass ihnen manches aus der Geschichte ihrer Stadt bisher fremd war. Es mag zu einem spielerischen Tausch kommen, wer fremd ist und wer nicht. Ich freue mich, wenn das Buch auch einen Baustein in der interreligiösen und interkulturellen Begegnungsarbeit in unserer Stadt darstellt. In diesem Sinne ist es in der Schriftenreihe des Evangelischen Regionalverbandes Frankfurt am Main sicher gut aufgehoben.

---

1 Ernst Karpf, Eine Stadt und ihre Einwanderer, s. Literaturverzeichnis.

Zu danken habe ich vielen auf dem Weg zu dieser Veröffentlichung. Großer Dank gilt dem Evangelischen Regionalverband, der das Projekt ermöglicht und in Person von Beate Kolberg und Helmut Müller mit Liebe zum Detail begleitet hat. Dabei war die Unterstützung von Hans-Jürgen Manigel wertvoll, der für die Umsetzung von Text und Bild in ein Buch mit klaren Linien gesorgt hat. Als ein Beispiel für so manche große Hilfe sei Brigitte Bruckschen-Levin genannt, die sich in vielen Stunden der Durchsicht des Textes gewidmet hat. Manfred Kühn hat mich bei der Bildrecherche unterstützt, die dank der vielen sehr hilfsbereiten Mitarbeitenden in den Museen und im Institut für Stadtgeschichte sehr fundiert gelingen konnte. Schließlich: Ohne die kreative und fachkundige Begleitung des Studienurlaubs durch meinen Mentor, Stadthistoriker Björn Wissenbach, wäre das Projekt nicht ins Laufen gekommen. Ein ganz besonderes Dankeschön gilt meiner Familie, die mich so manche Stunde entbehrt hat.

Ein kleines Kapitel am Ende des Buches nimmt den Dank noch einmal ausführlich auf und nennt weitere Personen.

1.3 Zum Aufbau

Die Kapitel in diesem Buch orientieren sich im Wesentlichen an der zeitlichen Abfolge. Wo der inhaltliche Zusammenhang es nahelegt, wird davon abgewichen. Wichtige Basisinformationen, wie z. B. zur Rechtsstellung von Fremden in der Stadt, werden an geeigneter Stelle vorangestellt. Die unterschiedlichen Themenstränge haben natürlich viele Berührungspunkte, auf die mit entsprechenden Querverweisen in den Anmerkungen hingewiesen wird. So lässt sich ein grobes Netz an Verknüpfungen schon beim Durchlesen erkennen, auch wenn es zum Verständnis nicht nötig ist, den Querverweisen aus den Anmerkungen sofort nachzugehen.

Manche Anekdote oder Wissenswertes über das Kernthema hinaus werden in heller gesetzten Passagen erzählt. Kürzere Erläuterungen zu historischen Details finden sich wiederum in den Anmerkungen. Wer möchte, kann sich ihrer bedienen.

Am Ende der Kapitel werden jeweils Orte genannt, an denen sich die Thematik nachvollziehen bzw. anknüpfen lässt. Um sie spürbar mit unserer Zeit zu verbinden, werden sie anhand von aktuellen

Schrägluftbildern dargestellt. An manchen dieser Orte haben Krieg und Zerstörung keine Steine übrig gelassen, die noch etwas erzählen könnten (rot markiert). Die vielen erhaltenen Zeugnisse (grün markiert) lassen sich sinnvoll zu mehreren kleinen Stadtrundgängen verbinden. Diese Rundgänge werden zum Abschluss des Buches vorgeschlagen. Hier sind die Orte zur besseren Orientierung auf Stadtplanausschnitten aufgetragen.

Frankfurt am Main, im Sommer 2016, Holger Wilhelm

2 Merowinger, Karolinger, Staufer – Ein internationaler Start

2.1 Ein Rendezvous der Völker – Der Domhügel von der Steinzeit bis zum Frankenreich

Hier hatte alles begonnen, noch lange vor der ersten urkundlichen Erwähnung Frankfurts: Auf dem Domhügel – zwischen Dom und Römer – sind Siedlungsfunde schon aus der Steinzeit bekannt. Die Römer hinterließen hier ihre Militärbauten - dazu gehörend auch eine Badeanlage für die Offiziere sowie ein Hofgut mit Villa. Im Zusammenhang mit der römischen Stadt Nida[1] musste am Main die Furt militärisch gesichert werden. Wo römische Soldaten waren, fanden sich stets vielfältige Kulturen und Religionen. So waren bei den Soldaten persische Kulte stark vertreten, wovon das Mithräum von Nida, heute im Archäologischen Museum, erzählt. Auch in der Zeit der Völkerwanderung und des Zerfalls des Römischen Reiches war der Domhügel besiedelt, weil er weiterhin von strategischer Bedeutung war. Es war ein Kommen und Gehen der Völker und Kulturen. Vom romanisierten westrheinischen Raum aus war die Untermainregion das Tor zu den Regionen im Norden und Osten. Nicht nur Alamannen hatten die römischen Höfe auf dem Hügel vermutlich übernommen und weiter genutzt. Noch in merowingischer Zeit standen Reste der römischen Bauten.

„Grab eines adeligen Mädchens um 680", Beschriftung eines Grabplatzes aus der Merowingerzeit am Beginn des Dom-Mittelschiffes.

Foto: Holger Wilhelm

1 Heute im Frankfurter Stadtteil Heddernheim gelegen, im Bereich der sog. „Römerstadt".

Furt der Franken

Die fränkischen Merowinger hatten um 500 mit dem Sieg über die Alamannen auch die Furt am Main in Besitz genommen, die vermutlich schon seit dieser Zeit *Francono furd* hieß – Furt der Franken. Es lassen sich im Bereich des Domes bald neue feste Steinhäuser nachweisen, vermutlich anfangs noch mit weltlicher Nutzung. In einem ersten archäologisch nachweisbaren Gebäude dieser Zeit war eine Fußbodenheizung nach römischem Vorbild eingebaut, in der Teile der nahegelegenen römischen Badeanlage verbaut wurden. Damit sind wir im 7. Jahrhundert angekommen – der Zeit, in der sich das Frankenreich festigte und aus dessen östlichem Teil sich das Heilige Römische Reich[2] entwickelte. Noch bevor Frankfurt in den Geschichtsbüchern auftauchte, war es königlicher Pfalzort der Franken gewesen. In den Pfalzen machten die Könige Halt, um Versammlungen abzuhalten oder Recht zu sprechen. Das Reich wurde nicht von einem zentralen Ort aus regiert, sondern die Herrscher befanden sich stets auf Wanderschaft, natürlich mit ihrem ganzen Tross, der in einer Pfalz mit versorgt werden musste. Daher war einem königlichen Pfalzort auch ein ganzes Stück Hinterland mit abhängigen Bauern zugeordnet, um dies leisten zu können. Somit war die Pfalz auch Verwaltungszentrum für das umliegende Königsland[3]. An der Spitze der Pfalz stand ein Amtmann, der Verwaltungsaufgaben, aber auch richterliche Befugnisse innehatte. Er war in der Regel ein Verwandter oder enger Vertrauter des Königs und damit Teil des Adels.

2.2 Eine multikulturelle Freundschaft – Was das Mädchengrab im Dom erzählt

Bei Grabungen im Frankfurter Dom 1991 bis 1993 wurde im vorderen Bereich des Langschiffes gleich hinter dem Turm ein Grab in großer Tiefe entdeckt. Die Grabkammer lag im gewachsenen Boden, vier Meter unter der heutigen Bodenlage im Dom. Das Grab war mit

---

2 Das Heilige Römische Reich – später auch mit dem Zusatz „Deutscher Nation" – nahm für sich in Anspruch, die Tradition des alten römischen Reiches fortzusetzen, das im Verlauf des vierten Jahrhunderts christlich geworden war.
3 Ein Relikt des Königslandes bis in unsere Zeit ist die Bezeichnung des südlich von Frankfurt gelegenen „Reichsforstes Dreieich".

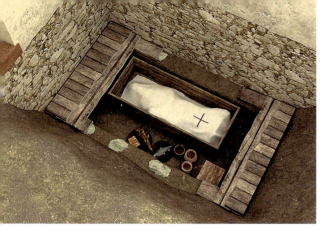

Mädchengrab im Dom, Blick in die holzverschalte Grabkammer mit Sarg; ein Tuch mit aufgesticktem Goldkreuz bedeckte die Grabstätte, in der sich noch eine weitere Bestattung nachweisen ließ; daneben Speise- und Trankbeigaben.

Archäologisches Museum Frankfurt (Rekonstruktionsvorschlag: Archäologisches Museum Frankfurt; Ausführung: Architectura Virtualis Darmstadt)

Holz ausgeschalt und 2 m x 1,2 m groß. Im Grab fanden sich in einem Sarg die sterblichen Überreste eines ca. vier Jahre alten Kindes, das nach den Beigaben als Mädchen zu erkennen war. Die Güte des Goldes und die hohe handwerkliche Qualität des reichhaltigen Schmucks und teils sehr seltener Grabbeigaben machten das Mädchen eindeutig als Angehörige eines merowingischen Adelshauses erkennbar. Man geht davon aus, dass es die Tochter des königlichen Amtmanns an der Pfalz war.

Das Grab wurde in den 90er-Jahren auf Grund der Beigaben auf die Zeit um/nach 680 datiert – so wird es auch im Gedenkstein über der Grablege im Dom genannt. Die jüngsten Forschungsergebnisse des Jahres 2015 nennen als Zeitraum der Grablege um 700 bis 730. Damals war es noch üblich, den Verstorbenen eine Ausrüstung für das Leben im Jenseits mitzugeben. Dieser alte heidnische Brauch wurde auch bei den christlichen Franken praktiziert, bis die vertiefende Mission der Bonifatiuszeit ab 721 dem allmählich ein Ende machte. So fanden sich neben dem Sarg u. a. Töpfe mit Geflügel- und Rindfleisch, Reste eines Lachses und Schweineknochen. Das Grab enthielt auch ein seltenes Amulett aus Mammut-Elfenbein, eine Schere, Nähbüchse und Nadel sowie einen Kamm.

Eine bi-rituelle Bestattung - Zwei Kulturen treffen sich

Für unser Thema interessant ist, dass sich in der Grablege noch eine weitere Bestattung nachweisen ließ. Neben dem erdbestatteten Mädchen und wohl noch innerhalb des Sarges konnte eine Brandbestattung eines weiteren Kindes eindeutig nachgewiesen werden. Seine Leiche wurde vor der Verbrennung auf ein Bärenfell gelegt. Leiche und Fell wurden zusammen verbrannt; die Asche wurde schließlich samt Bärenkrallen im Grab nahe der rechten Hand des merowingischen Mädchens platziert. Daneben stand ein handgeformtes Breitöpfchen, das dem zweiten, brandbestatteten Kind zugeordnet wird.

Eine solche Urnenbestattung wirft eine Menge Fragen auf. Im Christentum nach Bonifatius (673 bis 754/755) war eine Verbrennung des Leichnams nicht mehr denkbar, widersprach sie doch der damaligen konkreten Vorstellung von der leiblichen Wiederauferstehung. Solche Regeln in Einklang mit der römischen Kirche hatte Bonifatius aber erst selbst durchgesetzt. Bei seinen Missionsbemühungen im hessischen Raum ab dem dritten Jahrzehnt des 8. Jahrhunderts beklagte er 723/732 eine ganze Reihe von heidnischen Praktiken, die im längst fränkisch und damit christlich gewordenen Raum Hessens und Thüringens immer noch ausgeübt wurden. Die Franken hatten sich mit Hilfe anglo-irischer Missionare schon früher um eine tiefere Durchdringung des Volkes mit dem Christentum bemüht, aber vor Bonifatius nur mit mäßigem Erfolg.

Christlich oder heidnisch?

Für einen christlichen Hintergrund spricht die gemeinsame Bestattung. Aber war es wirklich so? Über die Grabstätte des merowingischen Mädchens und des anderen Kindes war ein Grabtuch gelegt, auf das ein Kreuz aus Goldborte aufgenäht war. Eine solche Praxis ist nur selten belegt und wird in der jüngsten Forschung eher als Hinweis auf eine an sich heidnische Brandbestattung gedeutet, die im Nachhinein noch „christlich kaschiert" werden sollte. Die Beisetzung der Asche auf einem Bärenfell unter Beigabe eines handgeformten Breitöpfchens weist auf eine kulturell völlig andere Herkunft des zweiten Kindes hin. Diese Bestattungskultur stammt aus Skandinavien. Sogenannte „Nordmänner" waren im Rahmen der Völkerwanderung oft mit Thüringern eine Art Sippenverband eingegangen, wobei die einen heidnisch, die anderen christlich waren und blieben.

Pektorale, am Hals getragen, 700 bis 730, aus dem Grab eines Merowinger-Mädchens, Fundort Frankfurter Dom, zu sehen als Dauerleihgabe im Dommuseum Frankfurt.

Archäologisches Museum Frankfurt

Auf enge freundschaftliche Beziehungen der Familie des merowingischen Adelsmädchens zu einer Familie nordischer Herkunft weist auch der Brakteat im Pektorale (Halskette) des Mädchens hin: Brakteaten sind dünne, einseitig geprägte Metallmünzen; die Münze in der Mitte des Pektorales stammt offenbar aus Südskandinavien. Auch könnte das Nähzeug, das bei dem erdbestatteten

Mädchen gefunden wurde, als Grabbeigabe zum brandbestatteten Kind gehört haben. Dann wäre sie auch ein Hinweis auf Traditionen aus Skandinavien oder Norddeutschland.

Alles in allem geht die aktuelle Forschung von einer heidnischen Bestattung eines Kindes aus nordischer Kultur aus. Es wäre also eine Grablege von Kindern zweier Kulturen und zweier Religionen. Sicher gehörte auch das nordische Kind einer gehobenen sozialen Schicht an, sonst wäre es schwerlich neben dem fränkischen Adelskind bestattet worden. Bestattungen auf Bärenfell gelten als Hinweis auf einen gehobenen Stand. Wie bei den Thüringern könnte die Familie des merowingischen Amtmanns an der Pfalz skandinavische Gefolgsleute gehabt haben, die der Familie über lange Jahre verbunden waren.

Die Verehrung der Grabstätte hielt noch 150 Jahre später an

Die Bedeutung und Verehrung der Grabstätte muss groß gewesen sein, da in dem kleinen Steinbau über dieser Grabstelle der erste Vorgängerbau des Domes gesehen wird. Man geht davon aus, dass das Gebäude als Wohnung für einen Kleriker einer nahe gelegenen ersten Kirche nicht mehr genutzt wurde, als man die beiden Kinder darin an der nördlichen Außenwand beisetzte. Auch um das Gebäude herum befanden sich Grabstätten. Noch 120 bis 150 Jahre später nimmt die Salvatorkirche Ludwigs des Deutschen[4] von 855 das Mädchengrab im Eingangsbereich genau in ihre Mitte. Es wäre möglich, dass ein familiärer Zusammenhang mit der späteren Kaiserfamilie bestand oder eine regionale Verehrung des Grabes über längere Zeit sehr groß war. Ob wohl der multikulturelle Aspekt der Grabstätte noch bekannt war, als der Dom über die Jahrhunderte darum herum wuchs?

Die jüngste Veröffentlichung des Archäologischen Museums Frankfurt widmet sich allein dem bi-rituellen Kinderdoppelgrab im

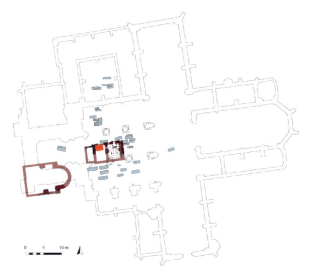

Der Domhügel um 700 bis 730; der Bau mit dem Kindergrab (rot) rechts, links daneben die merowingische Pfalzkapelle und Gräber des 7. bis 9./10. Jahrhunderts (blau-grau), eingetragen auf dem Grundriss des heutigen Doms.

Archäologisches Museum Frankfurt

---
4 Kapitel 2.3.

Frankfurter Dom. Ein Grußwort von Frankfurts Oberbürgermeister Peter Feldmann fasst die Ergebnisse der jüngsten Forschung zusammen und sieht in ihnen einen frühen Beleg für Offenheit und Toleranz zwischen Völkern und Religionen[5]:

„Jetzt zeigt sich, dass in dieser spektakulären Grablege zwei vierjährige Kleinkinder, eng nebeneinander in einem Sarg liegend, nach völlig unterschiedlichen Bestattungsriten beigesetzt worden waren: das eine ein Mädchen mit reicher Bekleidung und internationalem Gold- und Silberschmuck, das andere schmucklos und zuvor mit einem Bärenfell auf dem Scheiterhaufen verbrannt. Über beide hatte man ein Leichentuch mit aufgenähtem textilem Goldkreuz gebreitet. Hier ruhten, im Tode vereint, ein christliches Mädchen des fränkischen Adels und ein heidnisches Kind skandinavischer Herkunft.

Diese für das frühe Mittelalter singuläre Bestattung markiert die herausragende Stellung von Franconofurd schon in seinen frühen Anfängen. Es war Zentralort in jeder Hinsicht: Verkehrsknotenpunkt, Verwaltungszentrum sowie Drehpunkt internationaler Beziehungen – zugleich war es offen, integrativ und tolerant gegenüber Menschen aus fernen Ländern und fremden Glaubens. Heute berührt uns das Schicksal dieser beiden kleinen, so früh verstorbenen Frankfurter und ihre Vertrautheit noch im Tod."

Die auch heute noch zentrale Stelle des Doppelgrabes ist nach den Dom-Grabungen der 90er-Jahre im Bodenbelag wieder kenntlich gemacht worden; die Funde des Mädchengrabes sind im Dommuseum zu sehen.

2.3 Frankfurts Eintritt in die Geschichtsbücher – Die Pfalzen der Karolinger und Staufer

Um den Zusammenhang dieser ersten multireligiösen und multikulturellen Episode aus Frankfurts Geschichte mit den folgenden Darstellungen erkennbar zu machen, sei hier die Geschichte der jungen Stadt kurz wiedergegeben:

Die erste urkundliche Erwähnung Frankfurts geschah im Rahmen einer Synode, die Karl der Große im Jahr 794 in Frankfurt einberufen hatte. Zu dieser Zeit hat auf dem Domhügel zwischen Main und Braubach schon längst eine Pfalz gestanden, wie das vorangehende Kapitel zeigt. Neben den wenigen Steinbauten der eigentlichen Pfalz gehörten hölzerne Versorgungsbauten der Handwerker

---

5 Wamers, Franconofurd 2, S. 11 f., s. Literaturverzeichnis.

und Bauern mit zu der kleinen Ansiedlung. Für das Synodenjahr 794 wird in der Forschung einhellig davon ausgegangen, dass es bei der Pfalz bereits ein Kirchengebäude gab[6], ohne das eine so große Reichssynode nicht denkbar gewesen wäre. Die Synode Karls des Großen fasste noch die Vertreter der westlichen (heute französischen und spanischen) und östlichen (heute deutschen) Reichsteile zusammen und gilt als sehr bedeutende Zusammenkunft mit wichtigen Entscheidungen zu weltlichen und kirchlichen Fragen. In dem kleinen Pfalzort am Main kam halb Europa zusammen.

Pfalz und Stauferburg markieren die Zeit Frankfurts als Königsstadt

Die uns heute überlieferten Grundmauern der karolingischen Pfalz stammen aus der Zeit Ludwigs des Frommen, einem Sohn Karls des Großen. Der Vater Karl war durch die Familie seiner vierten Frau Fastrada mit dem Rhein-Main-Gebiet verbunden. Ludwig der Fromme weilte oft in Frankfurt und baute die Pfalz um 823 intensiv aus. Eine Generation später erfolgte durch Ludwig den Deutschen die Begründung der neuen Salvatorkirche, die das damals ca. 150 Jahre ältere Mädchengrab[7] in ihre Mitte nahm. In den jüngsten Grabungen wurde ein vermuteter steinerner Verbindungsgang zwischen der Pfalz als Residenzort und der Kirche bestätigt. Die Salvatorkirche als Vorgängerbau des Domes folgte, ähnlich wie die Alte Kapelle in Regensburg, dem Vorbild der Lateranbasilika in Rom. Das unterstrich den neuen Machtanspruch des Enkels Karls des Großen für die beiden neuen Hauptorte des Reiches, Frankfurt und Regensburg.

In späterer Zeit wurde die Pfalz vermutlich nach einem Brand an dieser Stelle aufgegeben, und unter den Staufern entstand im 12./13. Jahrhundert die neue Pfalz am Main, heute Saalhof/Historisches Museum. Die dazu gehörenden Bauten sind noch heute teilweise erhalten. Die Saalhofkapelle aus der Zeit um 1200 ist das älteste erhaltene Gebäude Frankfurts, abgesehen von Gebäuden in den später eingemeindeten Stadtteilen[8]. Bei der Pfalz am Main gab

Archäologischer Garten nach Fertigstellung des Stadthauses in einer Simulation der DomRömer GmbH, Computergrafik; zu sehen sind die Grundmauern der karolingischen Pfalz und ältere Reste römischer Gebäude.

DomRömer GmbH/HHVISION

---

6 Vgl. die Abbildung auf S. 22 zum Domhügel um 700 bis 730, die u. a. die merowingische Pfalzkapelle zeigt.
7 Kapitel 2.2.
8 Älter als die Saalhofkapelle sind die Justinuskirche, Höchst, und Teile der Kreuzkirche, Preungesheim.

Rekonstruktionsvorschlag zu den Bauten der karolingischen Pfalz auf dem Domhügel Frankfurt, um 855, Blick von Nordwesten; rechts die Aula Regia, links die von Ludwig dem Deutschen errichtete Salvatorbasilika; hier lag das Kindergrab etwa 5 m östlich der Westwand, zentral in der Mittelachse.
Archäologisches Museum Frankfurt (Entwurf: E. Wamers; Ausführung: Architectura Virtualis Darmstadt)

es eine befestigte Hafenmole, die im neuen Historischen Museum im Original zugänglich sein wird – ein für Deutschland einzigartiges Dokument. An der Stelle des alten Pfalzplatzes auf dem Domhügel breitete sich die bürgerliche Handwerkerstadt aus. Die Verlegung der Königsburg an das Mainufer ist also auch ein Beleg für das stetige Wachstum der Stadt.

Unter den Stauferkaisern erlebte Frankfurt einen Aufschwung und starkes Wachstum

Die Staufer waren auch Könige Siziliens und damit bedeutende Herrscher nördlich und südlich der Alpen. Auf Sizilien beendeten sie die Herrschaft der Araber, mit denen sie durch Kreuzzüge in Konflikt lagen. Mit Herrschern wie Friedrich II. entwickelte sich aber auch ein intensiver kultureller Austausch mit der arabischen Kultur. An seinem Hof in Palermo wirkten auch muslimische und jüdische Gelehrte. Es war eine Zeit großer gegenseitiger Hochachtung der europäischen und arabischen Kulturen. Die Capella Palatina in Palermo verfügt über eine dreisprachige Gründungsinschrift (Lateinisch, Griechisch, Arabisch). Friedrich II. war fasziniert von arabischer Philosophie und Mathematik. Inwieweit sich das auch auf das Hofleben in den Frankfurter Pfalzbauten ausgewirkt hat, ist eine offene Frage. In den italienischen Herrschaftsbereichen der Staufer ist der Einfluss der arabischen Kultur allenthalben in der Architektur fassbar.

Schon vier Jahrhunderte vor den Staufern gab es unter Karl dem Großen engere Kontakte zum arabischen Kulturraum, namentlich zum Kalifen Harun ar-Raschid. Um das Jahr 801 beehrten sich die beiden Herrscher mit Gesandtschaften. Man pflegte damals einen freundlichen Kontakt, hatte man doch im christlichen Byzanz (Konstantinopel) einen gemeinsamen Kontrahenten, denn

Byzanz war über die Erhebung Karls zum römischen Kaiser durch den römischen Papst nicht glücklich.

Die Staufer erkannten die zunehmende Bedeutung der Städte als eigenen Wirtschaftsfaktor neben der Landwirtschaft und gründeten bzw. förderten viele Städte in ihrem Herrschaftsbereich. Davon profitierte auch Frankfurt sehr. In ihrer Zeit gewann die Stadt Markt, Mauer, Mainbrücke, Münze und Messe (1240 ältestes Messeprivileg) und es entwickelten sich die Grundzüge einer reichsstädtischen Verfassung (ab 1245). Das Stadtwappen mit dem Adler entstand damals, wobei Rot und Weiß die Farben des fränkischen Königsadlers sind – vermutlich als Unterscheidung zu den staufischen Farben Schwarz und Gold so gewählt. Um 1180 wurde das Stadtgebiet stark erweitert; die neue Grenze bildete die Staufermauer, die das Gebiet der heutigen Altstadt umgab.

Die Staufermauer heute.
Foto: Holger Wilhelm

Bei dem heute noch erhaltenen Teilstück am östlichen Ende der Töngesgasse handelt es sich nach neuesten Erkenntnissen um die nach dem „Christenbrand" 1719 wieder aufgebaute Mauer. Die Bewohner der angrenzenden Judengasse[9] mussten für den Wiederaufbau ihrer Ghetto-Begrenzung aufkommen, nachdem ein Feuer große Teile der angrenzenden Töngesgasse vernichtet hatte.

Die Stadterweiterung betraf damals vor allem den Teil der Altstadt westlich des Römerbergs und der heutigen Neuen Kräme. Dort siedelten sich viele Kaufleute und reiche Patrizier aus dem Umland an. Diese Neubürger waren zunächst auch „Fremde" in der Stadt. Als erste Bürgerkirche entstand die Leonhardskirche auf einem Grundstück, das der König den Bürgern geschenkt hatte.

Auf dem Römerberg fand man beim Bau der Dom-Römer-Tiefgarage die Fundamente eines mächtigen staufischen Wohnturms (um 1240). Seine Umrisse sind heute im Pflaster nachgebildet und mit einem Durchmesser von fast 22 m und 6 m Mauerstärke immens. Dieser Turm wäre im Falle seiner Vollendung mit ca. 45 Metern Höhe der mächtigste in Deutschland geworden. Parallelen zu solch mächtigen Bauten finden sich sonst nur im französischen Kronland[10]. Der Bau des Turms wurde offenbar abgebrochen, weil sich durch die rasche Entwicklung der Stadt nach Westen hin die Notwendigkeit ergab, einen neuen zentralen Markt- und Messeplatz zu schaffen, den Römerberg.

---

9 Kapitel 4.3.
10 Unter französischem Kronland versteht man die Île-de-France, das historische Kernland Frankreichs rund um Paris.

Das Rathaus lag in der Stauferzeit jedoch immer noch auf dem Domhügel, dem alten Siedlungskern.

So endete auch die Ära Frankfurts als Königsstadt. Die Händler und Handwerker sowie die zugezogenen Patrizier[11] wurden durch ihr wirtschaftliches Potenzial zu den neuen Mächtigen der Stadt.

---

11 Vgl. Siegfried Marburg zum Paradies, Kapitel 10.1.

Orte des Geschehens

Darstellungsgrundlage: Schrägluftbilder 2014, Ausschnitt; Geobasisdaten: © Stadtvermessungsamt Frankfurt am Main; © Hessische Verwaltung für Bodenmanagement und Geoinformation; Lizenznummer 623-3215-D

❶ **Mädchengrab im Dom**
Markierung der Lage des Mädchengrabs aus der Zeit um 700 bis 730 im Eingangsbereich des Langschiffs; Grabbeigaben im Dommuseum – In vier Metern Tiefe findet sich hier die Grabstätte eines merowingischen Adelskindes (Erdbestattung) zusammen mit einem Kind aus einer nordisch-heidnischen Kultur (Feuerbestattung). [Kapitel 2.2]

❷ **Archäologischer Garten**
Stadthaus am Markt, vor dem Domturm, auf Bodenniveau Grundmauern der karolingischen Kaiserpfalz von 823 sowie Reste römischer und mittelalterlicher Bauten – Hier liegt die Keimzelle Frankfurts, in der sich seit Urzeiten Menschen unterschiedlichster Herkunft begegneten. [Kapitel 2.3]

❸ **Saalhofkapelle**
Saalhof, Mainkai, alte Königsburg aus der Stauferzeit, direkt am Mainufer erbaut; später zahlreiche Um- und Neubauten in privater Hand; heute Nutzung durch das Historische Museum Frankfurt; die Saalhofkapelle ist der östlichste Bauteil; ältester erhaltener Bau Frankfurts (ohne Eingemeindungen) aus dem Originalbestand der staufischen Pfalz, um 1200 – Die Erbauer waren die wahrhaft interkulturell und interreligiös agierenden Stauferkönige, die auch Sizilien beherrschten. [Kapitel 2.3]

❹ **Staufermauer**
Fahrgasse/An der Staufenmauer, Reste der staufischen Stadtbefestigung – Die Staufermauer markiert die erste große Blütezeit der Stadt. [Kapitel 2.3]

3 Fremde in der Stadt – Aufenthaltsstatus und Konflikte

3.1 Bürger, Beisassen, Fremde – Die Organisation von Macht und Teilhabe in der Reichsstadt Frankfurt

Heutzutage kennen wir Schlagworte wie Asylproblematik, Dublin-Abkommen und „Festung Europa". Es geht um Verteilungskämpfe und die (berechtigte oder unsoziale?) Verteidigung des hiesigen Reichtums gegen den „Zugriff" von Menschen anderer Herkunft. Diese Fragestellung steht uns angesichts der jüngsten immensen Flüchtlingsströme sehr plastisch vor Augen. Insbesondere im Rahmen des rigiden europäischen Asyl- und Einwanderungsrechts könnte man behaupten, die EU bzw. die Nationalstaaten Europas machten nichts anderes als die Reichsstadt Frankfurt in früheren Jahrhunderten auch: Sie betreiben „Nahrungsschutz" für ihre Bürger. Was ist damit gemeint?

Zunächst müssen wir uns klar machen: Seit dem Erreichen einer reichsstädtischen Verfassung (Reichsunmittelbarkeit) im Verlauf des 14. Jahrhunderts[1] bis zur napoleonischen Herrschaft Anfang des 19. Jahrhunderts und danach von Napoleons Ende bis zur Eingliederung in Preußen 1866 war die Stadt Frankfurt ein Stadtstaat. Ihre innere Verfassung regelte die Rechte der Vollbürger sowie derjenigen, die ein ständiges oder zeitlich begrenztes Bleiberecht mit nur eingeschränkten Rechten auf Arbeit oder soziale Versorgung hatten.

Über viele Jahrhunderte, bis in das 19. Jahrhundert hinein, hatte sich an den Grundzügen dieser inneren Verfassung wenig geändert. Verschiedene Kodifizierungen haben lediglich schon Jahrhunderte vorher Gültiges festgehalten. Zwar wurde unter der napoleonischen Herrschaft von 1806 bis 1815 unter Carl Theodor von Dalberg die Rechtsgleichheit aller Einwohner einschließlich der Juden endlich eingeführt. Doch dieser große Fortschritt wurde von der Restauration nach Napoleons Untergang wieder rückgängig gemacht. Am dritten Jahrestag der Völkerschlacht bei Leipzig trafen sich Senat und Bürgerschaft auf dem Römerberg zu einer Eidesleistung auf die

---

[1] Den Status einer Reichsstadt hatte Frankfurt endgültig im Jahr 1417 erreicht.

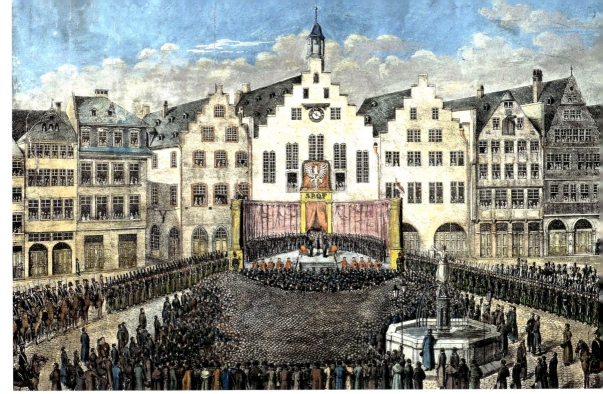

Eidesleistung des Hohen Senats und der Loeblichen Bürgerschaft der freyen Stadt Frankfurt am Main auf die Verfassung am 18. Oktober 1816, Johann Susenbeth, Lithografie koloriert.

historisches museum frankfurt
C00230, Foto: Horst Ziegenfusz

neue Verfassung der wieder eigenständigen „Freien Stadt Frankfurt". In ihr wurde das Bürgerrecht den meisten, insbesondere auch den Juden, wieder aberkannt und nur etwa einem Zehntel der Einwohnerschaft gewährt. So blieb es im Wesentlichen bis kurz vor der Annektierung durch Preußen 1866. Damit war fast alles wieder so wie in der Zeit vor Napoleon. Wie also sah die rechtliche Gliederung der Einwohnerschaft jahrhundertelang aus?

Die Gesellschaft setzte sich aus den Rechtsgruppen der Bürger, der Beisassen, der Fremden und der Juden zusammen. Jede Person konnte eindeutig einer dieser Gruppen zugeordnet werden. Daraus leiteten sich bestimmte Rechte, Anrechte, Privilegien und Pflichten eines/einer jeden ab. Es sagte aber nichts über die Zugehörigkeit zu einer bestimmten sozialen Schicht aus. Das System war sehr starr und bot kaum Freiräume für Reformen oder neue Impulse. Bei der Einwanderung niederländischer[2] oder italienischer Händler[3] und auch gegenüber den Juden[4] kam es daher zu Konflikten. Gehen wir die Rechtsgruppen einmal durch:

---

2   Kapitel 6 u. 7.
3   Kapitel 10.3 u. 10.4.
4   Kapitel 3.2 u. 4.

Bürger

Durch den Bürgereid huldigten die Bürger letztlich direkt dem Kaiser und der von ihm legitimierten städtischen Obrigkeit. Sie unterwarfen sich der städtischen Gerichtsbarkeit und verpflichteten sich auf die Wahrung des Stadtfriedens, auf die Beteiligung am Wehr- und Brandschutzdienst sowie auf bestimmte soziale und wirtschaftliche Verbindlichkeiten. Damit war die bürgerlich organisierte Stadt eine Art Eidgenossenschaft auf gegenseitigen Schutz, Beistand und die Wahrung des Gemeinschaftswohls. Eine besondere Stellung nahm der „Nahrungsschutz" ein: Nur wer Bürger war, durfte uneingeschränkt einem Gewerbe nachgehen bzw. eine Handlung betreiben sowie auf städtischem Grund Grundstücke erwerben und bebauen. Zudem hatten die Bürger ein Anrecht auf die städtische Armenpflege[5] und auf Versorgung im städtischen Heilig-Geist-Hospital. Natürlich hatten die Bürger auch entsprechende steuerliche Pflichten.

Mit dem Bürgerrecht war demnach eine Art Sozialversicherung verbunden, die sich im Bedarfsfall auf echte Sozialleistungen bezog. Es umfasste seitens der Stadtregierung aber auch die Garantie, jedem Bürger eine angemessene Möglichkeit zu bieten, sich in der Stadt durch Arbeit oder Handel zu ernähren (Nahrungsschutz). Dieser entscheidende Aspekt erklärt, warum die Stadt bei Einbürgerungen peinlich genau darauf achten musste, Konkurrenz zwischen Neubürgern und Alteingesessenen zu vermeiden. Und zwar sowohl im Sinne des wirtschaftlichen Wettbewerbs als auch im Sinne der Konkurrenz um die städtischen Sozialleistungen. Einbürgerungswillige mussten demnach in komplizierten Verfahren nachweisen, dass und wie sie im Stande waren sich selbst zu ernähren, ohne anderen Arbeit wegzunehmen. Bei der Aufnahme in das Bürgerrecht waren entsprechende Grundvermögensbeträge nachzuweisen. Zudem zog die Stadt bei der Einbürgerung über die jährliche Besteuerung hinaus einen Grundbetrag in Abhängigkeit vom Vermögen ein. Freilich wurde eine Progressionsgrenze festgelegt, um sehr reiche Anwärter nicht zu vergraulen. Wer aus dem Bürgerrecht austreten (sprich: wegziehen) wollte, musste einen hohen Betrag als Ablöse für das den Sozialkassen künftig entgehende Geld zahlen. Dieses

---

5   Armenkasten seit 1531, eine Errungenschaft bürgerlicher Forderungen in der Reformationszeit.

Faktum spielte bei der Abwanderung von Reformierten[6] eine große Rolle.

Bürger waren männliche Oberhäupter einer Familie bzw. eines Hausstandes samt Gesinde und Gesellen im Haus. Sie allein waren, die lutherische Konfession vorausgesetzt, wahlberechtigt und in den Rat wählbar. Dabei wurden die entscheidenden Bänke im Rat der Stadt unter den Mitgliedern der beiden Patriziergesellschaften Alten-Limpurg und Frauenstein ausgemacht.

Die „Bänke" bezeichneten den Rang und Sitzplatz im Rat. Die ersten beiden Bänke besetzten Patrizier, Akademiker und reiche Kaufleute; die dritte Bank die Zünfte (Handwerker). Zwar vertrat die dritte Bank den Großteil der Bürgerschaft, im Stimmrecht war sie jedoch unterrepräsentiert. Beide großen Patriziergesellschaften hatten gleich neben dem Römer ihre Gesellschaftshäuser, die erst seit dem 19. Jahrhundert zum Rathauskomplex gehörten. Machtzentren waren diese Nachbargebäude des Rathauses schon lange zuvor. Im Bürgervertrag von 1613[7] wurde das politische Übergewicht der Alten-Limpurger gegenüber den Frauensteinern verringert.

Treppe zum ehemaligen Saal der Patriziergesellschaft Alten-Limpurg im Römerhöfchen.

Foto: Holger Wilhelm

Die männliche Bürgerschaft war damit nicht nur alleiniger Träger der Herrschaftsgewalt im Stadtstaat. Durch das patriarchale Prinzip der Munt[8] im eigenen Haus waren sie auch Herren über die Frauen, die Kinder und die Schutzbefohlenen niederen Rechtes, also Gesinde und Gesellen. Das Bürgerrecht war erblich und wurde vom Vater auf die Kinder als eine Art Anwartschaft übertragen. Trotzdem war ein neues Aufnahmeverfahren notwendig.

Eine Sondergruppe bildete der Klerus, also Priester/Pfarrer und Mönche/Nonnen. Sie waren dem direkten rechtlichen Zugriff des Rates entzogen und standen unter eigener kirchlicher Rechtsprechung. Der Klerus machte ca. vier Prozent der Bevölkerung aus.

Beisassen

Der Beisassenstatus war eine Art niederes Bürgertum mit deutlich eingeschränkten Rechten. Er war mit strengen Vorgaben im Sinne des Nahrungsschutzes verbunden. Beisassen unterlagen starken

---

6 Kapitel 6.2.1.
7 Der Bürgervertrag entstand im Rahmen des Fettmilch-Aufstandes, Kapitel 9.2.
8 Die „Munt" bezeichnete schon im germanischen Recht die Gewalt des Hausherrn über die in der Hausgemeinschaft lebenden, von ihm zu schützenden Personen. Vgl. heute die „Vormundschaft".

Reglementierungen beim Handel. Politische Rechte besaßen die Beisassen keine, genossen aber Rechtsschutz und Wohnrecht auf Lebenszeit. Sie mussten sich am Wehrdienst und an der Gefahrenabwehr (Brandschutz) beteiligen. Der Beisassenschutz war nicht vererbbar und damit ein Instrument der Einwanderungspolitik. Die Frage der Erlaubnis von Grunderwerb wurde unterschiedlich gehandhabt; ab 1735 war den Beisassen Grunderwerb jedoch verboten.

Leibeigene

Eine zweite Rechtsgruppe im Herrschaftsbereich der Bürgerschaft waren die Landbewohner der zu Frankfurt gehörenden Dörfer wie Niederursel, Hausen und sechs anderer Dörfer. Der Status der Dorfbewohner entsprach dem der Leibeigenschaft in jedem anderen ländlichen Herrschaftsgebiet. Damit standen die Dorfbewohner weit unter den Beisassen. Sie galten den Bürgern als Schutzbefohlene, genauso wie die eigenen Kinder oder das Gesinde im Haus. Über dieses Anrecht auf Schutz und Fürsorge hinaus hatten sie so gut wie keine Rechte, aber viele Pflichten, bis hin zu Frondiensten.

Fremde

Fremde waren zunächst einmal Menschen, die keinen dauerhaften Aufenthaltsstatus in der Stadt hatten. Es gab zunächst die „Messfremden", also reiche Kaufleute und Händler, die nur zur Messe in der Stadt waren. Sie mussten sich polizeilich registrieren und bekamen einen Schutzbrief. Die damit verbundenen Rechte auf kommerzielle Betätigung (während der Messen) waren ab dem 18. Jahrhundert sogar weitreichender als die der Beisassen. Grundsätzlich galten aber während der Messewochen im Frühjahr und Herbst sehr weitgehende Ausnahmeregelungen für alle Rechtsgruppen: Auch städtische Juden und Beisassen durften frei Handel betreiben, so wie die Messfremden auch – bis die Messe ausgeläutet wurde.

Des Weiteren gab es die „Permissionisten" mit einer zeitlich begrenzten Aufenthaltserlaubnis von maximal einem Jahr. Sie wohnten zur Miete und mussten nachweisen, keiner bürgerlichen Nahrung (Handwerk) nachzugehen und dem Handel eines Bürgers keine Konkurrenz zu machen. Die Permissionisten waren in Bereichen tätig, wo sie Bürgern zuarbeiteten: Schreiber und Gehilfen, Kommissionshändler usw. Ihre Söhne mussten zur Stadtwehr.

Die größte Gruppe der Fremden bildeten das Gesinde und die Gesellen. Sie standen unter dem Vormund des Hausvaters und unter der Herrschaft des bürgerlichen Rates. Dieser legte Mindestlöhne fest, die durch zusätzliche Geschenke der Dienstherren jedoch sehr unterschiedlich aufgestockt wurden. Der soziale Status einer Dienstmagd, Köchin oder Amme z. B. konnte je nach Status des Herrn sehr variieren. In der sozialen Versorgung hatten die Bediensteten Anteil an den Rechten des Herrn[9]. War hausintern über die Munt ein klares Hierarchiegefüge gegeben, so gab es doch so etwas wie den äußeren Rahmen eines Arbeitsvertrages. Mit Ablauf oder Aufkündigung dieses Vertrags endete auch die Teilhabe an den Rechtstiteln des Vormunds und man musste die Stadt dann wieder verlassen.

Handwerksgesellen trugen vom vorhergehenden Ausbilder eine Art Leumund und Zeugnis mit sich. Sie mussten es am Tor vorzeigen, um einen Passierschein zu bekommen. Fanden sie in der Stadt über die Zünfte bzw. Handwerksverbände einen neuen Meister, konnten sie bleiben. Dort begaben sie sich in seine Munt und legten ihre Dokumente in die Meisterlade. Ansonsten hatten sie die Stadt binnen acht Tagen zu verlassen, ausgestattet mit einem „Zehrpfennig" vom Armenhaus.

Bettler und Vaganten

Bettler und Vaganten wurden aufs Schärfste bekämpft. Seit der Reformation galt ein Fürsorgegebot für die Einheimischen bei striktem Bettelverbot. Wer beim Betteln erwischt wurde, musste im Armenhaus oder bei der Straßenreinigung Arbeitsdienste leisten. Den Stadtbewohnern war es bei Strafe verboten, Bettlern etwas zu geben. Nach den beiden großen Messen wurden regelmäßig Razzien durchgeführt, um ortsfremde Vaganten vor die Tore zu setzen. Die Stadt schien große Angst gehabt zu haben, dass die städtische Armenversorgung nicht gesichert sei, wenn Fremde zu Nutznießern der städtischen Sozialfürsorge würden. Im großen Maßstab könnte man sagen, dass wir heute ähnliche Diskussionen und Verteilungskämpfe gut kennen.

---

9 Grundsätzlich war der Armenkasten als Instrument städtischer Armenpflege eher für Bürger und Beisassen zuständig, das Spital für erkrankte Fremde (Dienstpersonal), ab 1725 dann auch ausdrücklich für Durchreisende.

Die statistischen Zahlen in Frankfurt um 1750

Um 1750 zählte Frankfurt ca. 40.000 Einwohner. Von den Stadtbewohnern war nur jeder Zehnte ein männlicher erwachsener Bürger, hatte also ein Wahlrecht und andere politische wie soziale Anrechte. Etwa 1.800 Personen hatten den Beisassenstatus. Zu ihnen wie zu den 4.000 Vollbürgern sind die Angehörigen noch dazuzurechnen. Ein Viertel der Stadtbevölkerung waren „Fremde", davon wiederum drei Viertel weibliches Gesinde. Schließlich zählte die Stadt noch 3.000 Juden sowie 5.000 Dorfbewohner in den von Frankfurt beherrschten Dörfern.

3.2 Juden – Rechtssituation sowie soziale und wirtschaftliche Aspekte

In gewisser Hinsicht kann man sagen, dass die Judenschaft in der Stadt nichts anderes war als eine klar abgegrenzte Rechtsgemeinschaft - so wie Bürger, Beisassen und Fremde auch. Was die faktischen Rechte betraf, so waren die Juden in Handels- und Steuerdingen günstiger gestellt als die Beisassen und z. B. gegenüber der Landbevölkerung in einer privilegierteren Situation. Wie die Katholiken durften sie öffentlich Gottesdienste feiern - den Reformierten war das lange Zeit untersagt[10].

Diese rechtliche Stellung darf freilich nicht darüber hinwegtäuschen, dass die Jüdische Gemeinde mehrfach Opfer von Pogromen wurde. Dieses Schicksal widerfuhr keiner anderen städtischen Rechtsgemeinschaft. Überhaupt waren zwar die Rechte der Judenschaft nicht die schlechtesten, aber ob sie auch Recht bekamen, hing von anderen, meist wirtschaftlichen Faktoren ab. Über die Judenstättigkeit waren die Juden dem Kaiser direkt unterstellt und genossen seinen besonderen Schutz, den er sich auch bezahlen ließ. Daher waren die Juden Geld wert: So verpfändete der Kaiser sie auch mehrfach an die Stadt, was bei manchen Akteuren die juristisch falsche Sicht hervorrief, es handele sich um Leibeigene der Stadt, mit denen man verfahren könne, wie man wolle[11].

---

10 Kapitel 6.2.1.
11 Vgl. Kapitel 4.2.

Die Judengasse nach der Niederlegung der westlichen Häuserreihe, Carl Friedrich Mylius, 1870, Albuminabzug.

historisches museum frankfurt
C02749, Foto: Horst Ziegenfusz

Die Häuser der Juden mussten seit 1462 in der engen Judengasse liegen und waren zahlenmäßig begrenzt[12]. Außerhalb der Gasse war Grunderwerb nicht gestattet.

Durch diese Regelung musste das kleine Gebiet extrem dicht bebaut werden. Eine frühe Fotografie von Carl Friedrich Mylius aus der Zeit nach der Auflösung des Ghettos veranschaulicht dies. Auf dem Bild ist die ehemalige Enge der Judengasse gut erkennbar. Die Abbruchzone auf der linken Straßenseite enthielt auf diesem engen Raum je ein Vorder- und ein Hinterhaus. Auf der rechten, noch stehenden Seite war es genauso. Die Häuser waren extrem schmal und tief, sodass wenig bis gar kein Licht in die Wohnungen drang. Die Gebäude wurden erst später zum Teil zu größeren Einheiten zusammengefasst. Im Bild ist links die Hauptsynagoge zu erkennen[13]. Rechts im Bild die Häuser, deren Grundmauern im Museum Judengasse zu sehen sind.

Zuzug und Anzahl der Hochzeiten pro Jahr waren streng geregelt - was allerdings auch für andere Rechtsgruppen außer den Bürgern in der Stadt galt. Die Juden waren gehalten, an christlichen oder jüdischen Feiertagen die Judengasse nicht zu verlassen. Wehr-

---

12 Vgl. Kapitel 4.3.
13 Gedenkstein heute in der Straße „An der Staufenmauer", die dem nördlichen Teil der ehemaligen Gasse entspricht.

oder einquartierungspflichtig waren sie nicht. Juden mussten einen gelben Ring an ihrer Kleidung tragen[14].

Selbstverwaltung innerhalb der Stättigkeit

Die internen Angelegenheiten regelte die Jüdische Gemeinde weitgehend selbst. Innerhalb der Judengasse gab es eine eigene Polizei und Feuerwehr. Die Gemeinde setzte sich aus den Hausvätern zusammen, die der Stättigkeit unterstanden und daher als „Stättigkeitsjuden" bezeichnet wurden. Wie in der christlichen Gesellschaft waren den Hausvätern ihre Familien sowie hierarchisch abgestuft Gesinde und Gesellen zugeordnet. Die Stättigkeit zu erlangen entsprach also dem Bürgerrecht in der christlichen Gesellschaftsordnung. In Abgrenzung zu den Stättigkeitsjuden gab es wiederum den rechtlichen Status des jüdischen „Fremden". Wenn jüdische Familien fremde Juden aufnahmen, mussten sie diese beim städtischen Rat anmelden und eine regelmäßige Gebühr, das Nachtgeld, für sie entrichten. Christlichen Hauseigentümern war die Beherbergung fremder Juden nur zu Messezeiten erlaubt[15]. Durch Einheirat in eine einheimische jüdische Familie konnten fremde Juden die Stättigkeit erlangen. Allerdings musste man dafür 25 Goldgulden aufbringen, was ein gewisses Vermögen voraussetzte.

Schutz und Sympathie genossen die Juden nicht nur durch die Kaiser, sondern auch durch Händler und Patrizier der Stadt, die bei ihnen Geld liehen. Konflikte entzündeten sich in der Regel dann, wenn christliche Nahrungsschutzrechte betroffen waren. Es erging den Juden hier also genauso wie den niederländischen oder italienischen Einwanderern[16]. Nur dass Konflikte mit Juden oft anders ausgetragen wurden, was nicht übersehen werden darf.

Aufgrund des christlichen Verbotes der Zinsnahme hatte man die Juden auf das Geldgeschäft festgelegt. Ursprünglich waren sie auch im Handel sehr aktiv; ein Recht, das ihnen später durch Stättigkeitsordnungen weitgehend entzogen wurde. Über den Pfandhandel und die Mitwirkung am Messegeschäft[17] waren Juden ab

---

14 Vgl. aber die Kleiderordnungen allgemein auch für andere Rechtsgruppen.
15 Ratsverordnung vom 24.3.1763.
16 Kapitel 6 u. 7 (niederländische Einwanderer) und Kapitel 10 (italienische Einwanderer).
17 Zu Messezeiten waren Handelsbeschränkungen für Fremde, also auch Juden, in der Stadt aufgehoben.

dem 16. Jahrhundert auch wieder stärker im Handel erfolgreich. Trotz aller Behinderungen hatte sich der Warenhandel der Juden seit dem ausgehenden 17. Jahrhundert stark entwickelt. Waren die meisten jüdischen Händler auf dem Niveau des kleinen Krämers oder Hausierers stehengeblieben, so hatten doch einige Juden, z. B. die Oppenheims, bedeutende Warenhandlungen errichtet. Zeitweise hatten die Juden in Frankfurt sogar bestimmte und oft gerade die gewinnträchtigen Handelszweige ganz in ihrer Hand, etwa den Handel mit Edelsteinen und Edelmetallen oder auch den Pferdehandel. Im Finanzsektor steht der Aufstieg des Bankhauses Rothschild für eine erfolgreiche Familiendynastie erfahrener Bänker.

3.3 Konfliktpotenziale im Umgang mit Fremden

Bei den in den früheren Jahrhunderten aktenkundig gewordenen gewaltsamen Auseinandersetzungen auf der Straße ist grundsätzlich zu bemerken, dass die meisten Streitigkeiten von einheimischen Bürgern ausgingen, nicht etwa von Fremden oder Beisassen. Dabei waren die mittleren und unteren Schichten die Raufbolde. Nur im 16. Jahrhundert finden sich noch Hinweise auf tätliche Adelige. Später waren diese zurückhaltender als Bürger und niedere Stände, was die offene Gewaltbereitschaft betrifft. Während das Stadtpatriziat in der Regel Konflikte vor Gericht löste, waren die niederen Bevölkerungsschichten nach wie vor zum Austragen von Streitigkeiten auf der Straße bereit. Damit brachen sie den mittelalterlichen Stadtfrieden, der die Lebensgemeinschaft innerhalb der Stadtmauern im Gegensatz zum Umland als befriedete Zone auswies und gewaltsame Konflikte konsequent unter Strafe stellte. Die Stadt hatte allerdings erst im Verlauf des 17. Jahrhunderts mit der Stadtgarnison nennenswerte Ordnungskräfte aufgebaut, denen dann polizeiliche Aufgaben mit zugewiesen wurden. Vorher gab es nur einige fest angestellte Bettelvögte und gemeine weltliche Richter. Der Rest der obrigkeitlichen Vorsorge zur öffentlichen Ordnung lag bei nebenberuflichen bürgerlichen Scharwächtern.

Als häufigste Konfliktursache in allen gesellschaftlichen Schichten lassen sich „Ehrensachen" festhalten, also Streitigkeiten um Fragen, wer wem den Vortritt zu lassen oder Platz zu machen habe usw. Das geschah logischerweise am ehesten an engen Stellen, wie

Pforten oder auf der Alten Brücke. Eine Ehrensache konnte nur mit halbwegs sozial gleichrangigen Personen ausgefochten werden. Höher stehende Personen anzugehen verbot sich von selbst – niedriger stehende attackierte man auch nicht, weil man sich mit diesen erst gar nicht abgab. Natürlich musste man sich der Ehre halber wehren, wenn vermeintlich niedriger stehende Personen sich vordrängelten. Die angemessene Reihenfolge war aber schwierig zu entscheiden, wenn der soziale Rang nicht dem bürgerlichen Status entsprach.

Durch den Standesdünkel waren Konflikte mit „Fremden" vorprogrammiert

Fremd war bekanntlich, wer nicht in Frankfurt wohnte, also auch schon der Bauer aus dem Umland. Fremde wurden an Sprache und Kleidung schnell erkannt. Im Umgang mit ihnen war es recht egal, wie „fremd" sie waren. Einem Wetterauer Bauern ging es da nicht besser als einem Italiener. Fremd war fremd. Ihnen gegenüber konnten sich auch Einheimische niedrigen sozialen Standes profilieren, um mal wer zu sein. Die Handels- und Messestadt bot natürlich oft Gelegenheit, Fremden in der Stadt zu begegnen.

Häufig sind Beleidigungen gegenüber Fremden belegt, die dann in Schlägereien übergingen. Goldarbeiter aus romanischen Ländern wurden als „Welsche" tituliert (1586)[18]. Aber auch umgekehrt kam es vor, dass Franzosen nachts auf „die Teutschen" schimpften (1741). 1803 titulierte ein Frankfurter Schiebkarcher[19], also wahrlich keine hochstehende Person, einen Wetterauer Bauernknecht als „Scheißdrecksbauern", weil dieser seinen Karren nicht aus dem Weg fahren wollte. Aber auch aus dem Adel bzw. seinen Bediensteten sind Konflikte in Bezug auf Fremdsein überliefert. So wollte der Kutscher der Frankfurter Patrizierfamilie Orth einer fremden Kutsche keinen Platz machen. Es ging im Jahr 1742 um einen guten Parkplatz nahe dem Ausgang der Katharinenkirche, wo der Kutscher seine Herrschaften abholen sollte. In Vorbereitung der Königswahl war auch

---

18 Die ursprünglich sachliche Bezeichnung „welsch" für die romanischen Bevölkerungen Südwesteuropas erhielt später eine abwertende Bedeutung für Fremdländisches; vgl. „Kauderwelsch" = romanische Sprache von fahrenden Händlern (Kauderer).
19 Schiebkarcher waren einfache Leute, die gegen geringen Lohn Waren und Material auf ihren Schubkarren transportierten.

der kursächsische Wahlbotschafter Graf von Schönberg zugegen. Von Rang den städtischen Patriziern sicher übergeordnet, forderte sein Personal den besten Parkplatz ein. Der Frankfurter Kutscher beschied das mit der Bemerkung, „man müsse doch dem fremden Zeug nicht weichen". Das brachte ihm eine Satisfaktionsklage des Grafen ein und der Kutscher musste eine kurze Haftstrafe verbüßen.

Orte des Geschehens

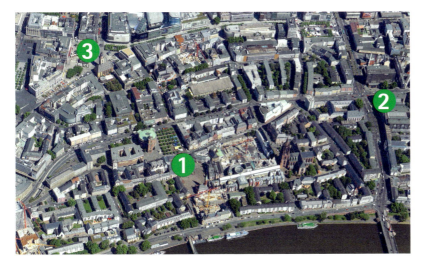

Darstellungsgrundlage: Schrägluftbilder 2014, Ausschnitt; Geobasisdaten: © Stadtvermessungsamt Frankfurt am Main; © Hessische Verwaltung für Bodenmanagement und Geoinformation; Lizenznummer 623-3215-D

❶ Römer
Römerberg, Frankfurts Rathaus seit 1405, Kellergewölbe sowie Römer- und Schwanenhalle noch original erhalten; Orte der Sitzungssäle wechselten, erster Ratssaal war der später sog. Kaisersaal – Der Römer war der Ort der Gesetzgebung über Bürger, Beisassen, Fremde und Juden. Die heute zum Römerkomplex gehörenden Häuser der alten Patriziergesellschaften „Alt-Limpurg" (linkes Haus des „Dreiergiebels") und „Frauenstein" (rechts neben dem „Dreiergiebel"; nur Sandsteinsockel noch original) waren heimliche Machtzentren der Stadt. [Kapitel 3.1]

❷ Museum Judengasse
Kurt-Schumacher-Straße 10, zugewiesenes Wohnviertel der Juden von 1462 bis 1796 – Hier finden sich Grundmauern von Teilen der Judengasse mit zwei rituellen Bädern (Mikwen). [Kapitel 3.2]

❸ Hauptwache
Erbaut 1728, Wiederaufbau in mehreren Etappen nach dem 2. Weltkrieg – Die Hauptwache war ehemaliger Sitz der Stadtwehr und Gefängnis mit Verhörräumen. [Kapitel 3.3]

4 Frankfurts Juden – Ein zwiespältiges Verhältnis

4.1 Jüdische Gemeinde und Einwanderungsgruppen um 1600

Die größte in Frankfurt spürbare Einwanderungswelle vor unserer Zeit hat die Stadt durch die reformierten Glaubensflüchtlinge im 16. Jahrhundert erlebt[1]. Eine ähnlich präsente Gruppe von „Fremden" kannte die Stadt zuvor nur in Form ihrer Jüdischen Gemeinde, mit der sie eine sehr lange und wechselvolle Geschichte verbindet. Sie als Einwanderungsgruppe zu bezeichnen ist schwierig. Juden waren offenbar von Anfang an da. Die Gemeinde war aber selbst oft Ziel von jüdischen Einwanderern. Nimmt man die Existenz der Jüdischen Gemeinde und die große Einwanderungswelle der Niederländer gemeinsam in den Blick, so ergibt sich für die erste Hälfte des 17. Jahrhunderts[2] ein wahrhaft multikulturelles Bild: Schätzungen über die Einwohnerzahlen nennen für diese Zeit bei ca. 18.000 Einwohnern je 3.000 Niederländer und Juden. Ein Drittel der Bevölkerung war demnach nicht „deutscher" Herkunft. Von den ca. 12.000 „Deutschen" waren 5.000 Zugezogene aus deutschen

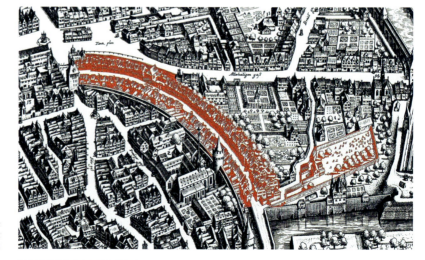

Merianplan von 1628; der rot markierte Teil zeigt die Judengasse und den alten jüdischen Friedhof.

Institut für Stadtgeschichte
S8-Stpl/1628 – Bearbeitung:
Holger Wilhelm

---

1 Kapitel 6 u. 7.
2 Auf dieses Zeitfenster schauen wir in diesem Buch öfter; vgl. Kapitel 6 u. 7.

Landen. Bestenfalls ein Drittel waren alteingesessene Frankfurter. Gängige Alltagssprachen neben Deutsch waren „Judendeutsch"[3], Niederländisch, Französisch und zeitweise Englisch.

Zu den sprachlichen bzw. kulturellen Unterschieden traten die religiösen Differenzen. Letztere wurden zwischen den Frankfurter Lutheranern und den zugewanderten, meist reformierten Niederländern oft als genauso trennend empfunden wie gegenüber den alteingesessenen Katholiken oder Juden. Im Ganzen ergab sich somit neben dem multikulturellen auch ein multireligiöses Bild, das dem heutigen in mancher Hinsicht durchaus vergleichbar ist.

4.2 Frühe Konflikte – Das Leinwandhaus auf jüdischen Mauern

Wer sich heute mit der Geschichte der Jüdischen Gemeinde in Frankfurt auseinandersetzt, trifft neben dem Jüdischen Museum am Mainkai auch auf das Museum Judengasse. Die Existenz einer Judengasse als abgegrenzter Wohnbereich der Juden am Ostrand der alten Stadt ist gut bekannt. Das „Ghetto"[4] bestand in dieser Form von 1462 bis 1796 und wurde an die alte staufische Mauer angefügt. Die Judengasse entstand auf einem kleinen Teil des Geländes, das die Stadt in der ersten Hälfte des 14. Jahrhunderts durch ihren Förderer und Gönner Ludwig den Bayern zur Stadterweiterung erhielt.

Judengasse, Blick in ein Hinterhöfchen, Carl Theodor Reiffenstein, 1875, Aquarell.

historisches museum frankfurt
R0262, Foto: wikimedia commons

Das war 1333; rund um die staufische Stadtmauer bzw. heutige Altstadt entstand nach und nach die Neustadt, die wir heute als Innenstadt bezeichnen. Außerdem bekam die Stadt von ihrem Gönner 1330 neben anderen Privilegien eine zweite Messe, nämlich die Fasten- bzw. Frühjahrsmesse.

Nach Auflösung des Ghettozwanges 1796 siedelten sich viele jüdische Familien im angrenzenden Osten der Stadt an – zunächst im Fischerfeldviertel, das als erste planmäßige Stadterweiterung seit Ende des 18. Jahrhunderts im klassizistischen Stil erbaut wurde, und später im neuen Ostend.

Im Theaterhaus in der Schützenstraße finden sich noch Spuren davon. Es ist ein ehemaliges Bäckereigebäude, in dem Rabbiner für die Überwachung der

---

3 Jiddisch, eine Mischung aus Mittelhochdeutsch, Hebräisch und anderen Sprachen.
4 Ein Begriff für ein Stadtviertel in Venedig, das dort Juden als Wohnbereich zugewiesen wurde.

Figurengruppe am Südportal des Doms, um 1350; die Figur rechts der Maria stellt Josef mit dem Judenhut dar.

Foto: Holger Wilhelm

Judenschule, Außenansicht, Carl Theodor Reiffenstein, 1870, Aquarell.

historisches museum frankfurt
R0392, Foto: Horst Ziegenfusz

ordnungsgemäßen Herstellung von Mazzen einen Gang zur Beobachtung der Bäcker hatten.

Am Südende des ehemaligen Ghettos und Übergang zum Fischerfeldviertel wurde schließlich eine weitere große Synagoge gebaut, deren Standort heute als ehemalige Börneplatz-Synagoge[5] bekannt ist. In dieser Gegend waren auch jüdische Sozialeinrichtungen angesiedelt, wie z. B. ein Krankenhaus. Natürlich verteilten sich die jüdischen Einwohner nach Auflösung des Ghettos mehr und mehr über die ganze Stadt, erst recht, als schließlich Ende des 19. Jahrhunderts die Judengasse wegen Baufälligkeit ganz abgerissen wurde. Die heute noch erhaltenen bzw. nach dem Völkermord der Nazizeit an den Juden wiederbelebten Zentren jüdischen Gemeindelebens in Frankfurt finden sich im Westend.

Weniger bekannt
ist das frühmittelalterliche jüdische Viertel in Frankfurt

Vor Einrichtung der Judengasse ab 1462 lag das jüdische Viertel zwischen Dom und Main, in bester Lage. Selbst in jüngeren stadtgeschichtlichen Darstellungen der frühen Neuzeit finden sich nur wenige Hinweise darauf. Sichtbare Zeugnisse davon sind heute fast nicht mehr erhalten. Ein wenig mag uns die Josefsfigur am Südportal des Domes davon erzählen. Sie trägt einen Judenhut, gemäß der mittelalterlichen Kleiderordnung. Ein solcher „jüdischer" Josef als Teil der „christlichen" heiligen Familie diente nicht selten als Einladung an die gegenüber wohnenden Juden, sich doch zum Christentum zu bekehren. Zur Bauzeit dieses Portals standen gegenüber auf der Südseite des Weckmarktes, wo heute das Leinwandhaus steht, noch Häuser jüdischer Händler und jüdische Gemeindeeinrichtungen. Auf der Rückseite des kleinen Baublocks befand sich eine Synagoge. Diese war die „alte Judenschule", die Carl Theodor Reiffenstein 1866 dargestellt hat[6]. Die alte Synagoge wurde 1873 für die Neubauten von Stadtarchiv und Historischem Museum[7] abgerissen, wie auch die alte Stadtwaage neben dem Leinwandhaus.

---

5 Heute Gedenkstätte am „Börneplatz" südlich des alten jüdischen Friedhofs an der Rechneigrabenstraße.
6 „Judenschule" war eine umgangssprachliche Bezeichnung für eine Synagoge. Auch Battonn IV, 16-19, erwähnt dieses Gebäude als Synagoge, s. Literaturverzeichnis.
7 Das erste Historische Museum war damals nicht am heutigen Standort im Saalhof platziert, sondern als Erweiterungsbau des Leinwandhauses angelegt.

Merianplan von 1628;
der rot markierte Teil
zeigt die Alte Judenschule.

Institut für Stadtgeschichte
S8-Stpl/1628 –
Bearbeitung:
Holger Wilhelm

Juden gehörten wahrscheinlich bereits zu den ersten Bewohnern Frankfurts

Die erste urkundliche Erwähnung der Jüdischen Gemeinde stammt vom 18. Januar 1074, als Heinrich IV. den Bürgern und Juden von Frankfurt, Worms und anderen Orten bestimmte Privilegien gewährte, etwa die Befreiung von Zollgebühren. Achtzig Jahre später erwähnte der Mainzer Rabbi Elieser ben Nathan die damals wahrscheinlich noch sehr kleine Jüdische Gemeinde Frankfurts in der Handschrift „Ewen ha Ezer" (Stein der Hilfe). Er beschreibt u. a. Regelungen für den Fall, dass jüdische Kaufleute zur Frankfurter Messe in christlichen Häusern aufgenommen werden. Konkret geht es hier um die Wahrung des Arbeitsverbotes am Shabbat. Das Dokument des bedeutenden Mainzer Rabbis von der Zeit um 1152 ist das älteste aus Deutschland stammende vollständige hebräische Werk und die älteste Erwähnung Frankfurts als wichtigem Messeplatz.

Damals wurden wohl schon Waren vom ganzen Kontinent gehandelt. Händler aus ganz Europa fanden sich in Frankfurt aber erst nach dem Messeprivileg von Stauferkaiser Friedrich II. aus dem Jahr 1240.

In den ersten Jahrhunderten durften die Juden in der Stadt ohne räumliche Einschränkung wohnen. Das erwähnte jüdische Viertel zwischen Dom und Main entwickelte sich also ohne Zwang. Die Existenz der Synagoge und jüdischer Wohnhäuser so nahe an der Hauptkirche der Stadt war allerdings dem Mainzer Bischof ein Dorn im Auge, weshalb es Beschwerdebriefe aus Mainz dazu gab. Sogar der Papst hatte sich gegen diese Lage ausgesprochen. Auch König Friedrich III. hatte zweimal in Briefen an den Rat die Zerstörung der Synagoge und die Umsiedlung der Juden verlangt: Durch das *„Geschrei der Juden in ihrer Synagoge"* würde der Gottesdienst im Dom geschmäht werden. Es soll so manche Querelen gegeben haben, wie das gegenseitige Stören von religiösen Feierlichkeiten. Schließlich gab es Gerüchte, dass aus dem jüdischen Viertel Brandpfeile auf das alte Rathaus geschossen worden seien[8]. Dieses befand sich in etwa an der Stelle, wo heute der Domturm steht. Erst Anfang des 15. Jahrhunderts (1405) hatte die Stadt die Häuser Zum Römer und Zum Schwan am Römerberg gekauft und zum repräsentativen Rathaus umgebaut. Bis dahin lag das Rathaus an benannter Stelle. Nach seinem Abriss konnte der Domturm durch Stadtbaumeister Madern Gerthener in ebenso repräsentativer Absicht in Angriff genommen werden. Schließlich war die Stadt durch die Goldene Bulle (1356)[9] seit 50 Jahren Schauplatz der Kaiserwahlen und brauchte repräsentative Orte, wie das neue Rathaus am Römerberg und den Dom als Wahlort[10].

Die Juden vor den Türen des Domes störten offenbar

Die Umsiedlung der jüdischen Einwohner wurde lange diskutiert, aber erst 1462 umgesetzt. Zuvor hatte die Jüdische Gemeinde zahlreiche Benachteiligungen und Ausweisungen von Mitgliedern sowie Plünderungen ertragen müssen und war stark dezimiert worden. 1349 war die Gemeinde dann komplett vernichtet worden, weil man den Juden die Schuld an Pestepidemien gab. Es war ein wahrhafter Pogrom, der in der Stadtgeschichte auch die „zweite Judenschlacht"[11] genannt wurde. Die Juden wurden nach heftigen Kämpfen alle ermordet. Viele Gebäude wurden zerstört; offenbar gab es auch Schäden am Dom und möglicherweise auch am alten Rathaus. Die wenigen historischen Quellen lassen keine klaren Schlüsse zu, wer letztlich den Pogrom angezettelt hatte. Im politisch sehr unruhigen 14. Jahrhundert wurden jüdische Gemeinden in vielen Städten zum Spielball der Machtpolitik. Frankfurt erlebte in dieser Zeit Zunft-

---

8 Sollten diese Gerüchte tatsächlich einen wahren Kern gehabt haben, so wäre dieser wohl in den Kampfhandlungen des Jahres 1349 zu sehen (s. u. im Text). Dann aber wären die Brandpfeile nicht Auslöser, sondern Folge von judenfeindlichen Aktionen gewesen.
9 Kapitel 5.2. u. 10.1.
10 Vgl. die Wahlkapelle im Dom; Dom als Wahlort vgl. Kapitel 5.2.
11 Die erste vollständige Vernichtung der Jüdischen Gemeinde war 1241 gewesen.

unruhen (1355 bis 1366) und folgenreiche Fehden zwischen Rittertum und Städtebünden (Niederlage bei Kronberg 1389).

Im engsten Zusammenhang mit dem Pogrom dürften allerdings die Vorgänge um Günther von Schwarzburg gestanden haben, der im Februar 1349 als Gegenkönig zu Karl IV. gewählt worden war. Die Stadt Frankfurt hatte ihn anerkannt, indem sie ihn nach seiner Wahl in die Stadt eingelassen hatte. Letztlich setzte sich aber sein Gegenspieler Karl IV. durch. Günther von Schwarzburg starb noch im Juni in Frankfurt und wurde als einziger deutscher König im Dom bestattet. Nun musste die Stadt die Gunst Karls IV. gewinnen – wie so oft durch Geld. Der nunmehr im Reich unangefochtene König (ab 1355 Kaiser) hatte sich seinen Triumph bei seinen Unterstützern erkauft. Er brauchte nun selbst neue Geldgeber.

Daher hatte Karl IV. „seine" Juden an die Stadt verpfändet. Grundsätzlich wurde mit dem Schutzbedürfnis der Juden in Anbetracht des christlichen Antijudaismus[12] stets Geld gemacht. Der Kaiser (bzw. König) gab den Juden Schutzgarantien, die mit hohen Abgaben bezahlt werden mussten. War er in Geldnot, konnte er die finanziellen Einkünfte aus der Judenschaft verpfänden, wie nun 1349 an die Stadt, die dafür die immense Summe von 15.200 Pfund Heller zahlte. Die Vereinbarung dazu enthielt auch die Zusicherung, dass der König die Stadt nicht dafür zur Verantwortung ziehen werde, falls die Juden „von Todes wegen abgingen oder verdürben oder erschlagen würden". Auch das Eigentum etwaig getöteter Juden solle an die Stadt fallen. Das war quasi ein Freibrief zum Pogrom, der nebenbei auch Finanznöte von christlichen Kaufleuten löste, die bei Juden verschuldet waren. Insbesondere aber konnte die Stadt so die immensen Summen kompensieren, die sie an den neuen König ausgezahlt hatte.

Die Stadt war selbst Nutznießer des Pogroms

Die Häuser im jüdischen Viertel hatte sich die Stadt einverleibt. In dieser hervorragenden Lage entstanden zu Beginn und im Laufe des 15. Jahrhunderts städtische Bauten, wie die ehemalige Stadtwaage[13] und das Leinwandhaus von 1396 bis 1399. Battonn nennt am Platz

Das Leinwandhaus heute.
Foto: Holger Wilhelm

---

12 Feindschaft gegenüber Juden aus religiösen Gründen; kein rassistischer Antisemitismus.
13 Später abgerissen und durch das Stadtarchiv ersetzt, im 2. Weltkrieg zerstört.

Jüdischer Grabstein vom Alten Jüdischen Friedhof an der Battonnstraße, nach 1349 im Dom verbaut, Abguss im Domgarten.

Foto: Holger Wilhelm

des Leinwandhauses vorher drei Judenhäuser[14]. Andere zerstörte Gebäude wurden ab etwa 1360 von neu zugewanderten Juden wieder aufgebaut und genutzt. Sie setzten z. B. die alte Synagoge instand, die sie dann aber für die Zeit bis zum Zwangsumzug in die Judengasse 1462 von der Stadt mieten mussten. Danach wurde auch dieses Gebäude städtisch genutzt, etwa als Kupferwaage, sodass es bis ins 19. Jahrhundert erhalten blieb. In der Pogromzeit Mitte des 14. Jahrhunderts schämte man sich auch nicht, jüdische Grabsteine als Baumaterial im Dom zu verwenden, wie ein Grabstein einer jüdischen Frau zeigt, der nach 1349 im Gewände[15] des Fensters über dem Anna-Selbdritt-Altar (Karls-Altar) verbaut wurde.

Das im Krieg bis auf die Außenmauern zerstörte Leinwandhaus wurde vierzig Jahre nach seiner Zerstörung 1984 als Wiederaufbau neu eröffnet. Beim Bau war Architekt Volkmar Hepp beteiligt, der in dem nicht unterkellerten Bereich des Leinwandhauses noch Fundamente der ehemaligen jüdischen Häuser samt Resten von Kachelöfen ausfindig machen konnte. Leider interessierte sich in den 80ern das Denkmalamt nicht sonderlich dafür, sodass es nur bei wenigen persönlichen Spurensicherungen durch den Architekten blieb.

Das Leinwandhaus als solches war 500 Jahre lang städtisches Mehrzweckgebäude. Errichtet als Umschlagplatz für den einträglichen Leinenhandel, war es von Anfang an auch Messehalle, im Obergeschoss Stätte für Rats- und Ausschusssitzungen, insbesondere vor dem Umbau des Römers zum Rathaus. Es war Gefängnis, Stadtschreiberei und Ort für andere städtische Ämter und Funktionen. Zwischendurch wurde es auch als Theater, Tanzsaal, Kirche[16] und Lazarett[17] genutzt. Die letzte Nutzung vor der Zerstörung 1944 war die durch das Historische Museum, für die zahlreiche Um- und Einbauten nötig waren. An der Außenmauer findet sich eine Replik der Frankfurter Elle (Original im Historischen Museum Frankfurt), eine öffentliche, geeichte Maßeinheit für die Messen, aber auch übers Jahr für Handwerker. Hier konnte jeder nachprüfen, ob auch wirklich mit dem richtigen Maß gemessen wurde. Die offizielle Frankfurter Elle beträgt 54,73 cm. Im Gewerbe benutzte Ellen waren in der Regel aus Holz und schrumpften schon mal gerne.

---

14 Battonn IV, 6-7, s. Literaturverzeichnis.
15 Als Gewände bezeichnet man den schrägen Ausschnitt im Mauerwerk rund um ein Fenster.
16 Für reformierte Soldaten, Kapitel 6.2.1.
17 In den Napoleonischen Kriegen.

4.3 Die Zeit im Ghetto – Städtisch kontrollierter Zuzug

Im Jahrhundert nach der „zweiten Judenschlacht"[18] verschlechterte sich die Lage der Juden in Frankfurt. Mit dem Ghettozwang ab 1462 waren die Hausväter für lange Zeit nicht mehr Besitzer der Häuser in der Judengasse. Die Stadt behielt sich dies vor. Eine weitere Vertreibung fand im Fettmilch-Aufstand 1614 statt[19].

Letztlich haben in Frankfurt seit dem Mittelalter fast ununterbrochen Juden gelebt. Ihr Status wurde in den sogenannten Stättigkeitsordnungen geregelt, die sie seit 1616 unter ausdrücklichen kaiserlichen Schutz stellten. In Frankfurt blieben sie seither bis zum Nationalsozialismus von Vertreibung und Mord verschont. Bereits im frühen 16. Jahrhundert begann die Zahl der Frankfurter Juden von wenigen Hundert auf bis zu 3.000 im 18. Jahrhundert anzusteigen. Damals galt die Judengasse als das am dichtesten besiedelte Gebiet Europas. Dieser Anstieg ging nicht nur auf eigene Nachkommen, sondern vor allem auf Einwanderung aus anderen Städten und Regionen zurück. Oft kam es zu Einwanderungswellen, wenn Juden aus anderen Orten vertrieben wurden und Zuflucht im relativ sicheren Frankfurt fanden; so z. B. 1498, als viele Juden aus Nürnberg flohen. Frankfurt war darüber hinaus als Messe- und Handelsstadt auch ein Magnet, der den Zuzug aus wirtschaftlichen Gründen attraktiv erscheinen ließ.

Nicht zuletzt hatte die Obrigkeit, also der städtische Rat und der Kaiser, aufgrund der hohen Steuerkraft Interesse am Zuzug von Juden. Gleichwohl versuchte der Rat mit Rücksicht auf antijüdische Einstellungen unter den christlichen Stadtbewohnern, einen allzu starken Anstieg der jüdischen Bevölkerung in Frankfurt zu verhindern. So sollten nur diejenigen fremden Juden aufgenommen werden, die ein gewisses Vermögen (1.000 Gulden) nachweisen konnten. Darüber hinaus wurde die Höchstzahl der jüdischen Haushaltungen in der Stättigkeit von 1616 auf 500 und die Zahl der jährlichen Eheschließungen auf zwölf beschränkt. In den städtischen Beweggründen für und gegen die Ansiedlung von Juden in Frankfurt zeigte sich eine enge Parallele zum Umgang mit den reformier-

---
18 Kapitel 4.2.
19 Kapitel 9.2; hier waren zwei Tote zu beklagen; die Vertreibung war nicht dauerhaft.

ten Niederländern[20]. Es war stets eine Mischung aus wirtschaftlichen, religiösen oder kulturellen Faktoren. Im Fettmilch-Aufstand[21] sorgten alle Komponenten für eine explosive Situation.

20 Kapitel 7.1.
21 Kapitel 9.

Orte des Geschehens

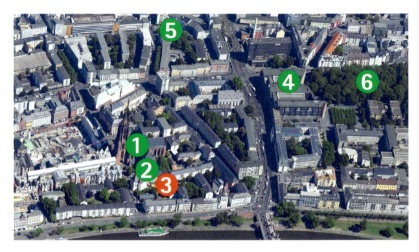

Darstellungsgrundlage: Schrägluftbilder 2014, Ausschnitt; Geobasisdaten: © Stadtvermessungsamt Frankfurt am Main; © Hessische Verwaltung für Bodenmanagement und Geoinformation; Lizenznummer 623-3215-D

❶ Dom
Domgarten: Jüdischer Grabstein, nach 1349 im Dom verbaut, Abguss – Hinweis auf die komplette Vernichtung der Jüdischen Gemeinde im Jahr 1349. [Kapitel 4.2]
Südportal: Südportal des Domes mit Maria und Josef, der einen Judenhut trägt – Zur Erbauungszeit des Portals blickte er anmahnend-einladend auf das erste Judenviertel der Stadt gegenüber. [Kapitel 4.2]

❷ Leinwandhaus
Weckmarkt 17, städtischer Profanbau von 1399 – Das Leinwandhaus wurde über den Mauern ehemaliger jüdischer Häuser im ersten Judenviertel der Stadt erbaut. [Kapitel 4.2]

❸ Ehemaliger Standort der Alten Judenschule
Große Fischerstraße, in etwa bei der Ostgiebelseite der heutigen Kita – Hier stand der älteste Synagogenbau Frankfurts im ersten Judenviertel zwischen Dom und Main. Das gotische Gebäude wurde 1873 für Neubauten von Stadtarchiv und Historischem Museum abgerissen. [Kapitel 4.3]

❹ Museum Judengasse
Kurt-Schumacher-Straße 10, zugewiesenes Wohnviertel der Juden von 1462 bis 1796 – Hier finden sich Grundmauern von Teilen der Judengasse mit zwei rituellen Bädern (Mikwen). [Kapitel 4.3]

❺ Staufermauer
Fahrgasse/An der Staufenmauer, Reste der staufischen Stadtbefestigung, an dieser Stelle zugleich Grenzmauer zur Judengasse – Die Staufermauer steht hier auch für den problematischen Umgang mit den jüdischen Einwohnern. [Kapitel 4.3]

❻ Alter Jüdischer Friedhof
Battonnstraße/Börneplatz (Gedenkstätte), zweitältester jüdischer Friedhof Deutschlands, ältester Grabstein von 1272, Friedhofsmauer mit Namen der 12.000 von den Nazis ermordeten Juden Frankfurts; enthielt vor Zerstörungen im 2. Weltkrieg 6.500 Grabsteine – Dieser Friedhof ist Grabstätte für Juden (nicht nur aus Frankfurt) aus sechs Jahrhunderten. [Kapitel 4.3]

5 Türkenkriege und erkaufter Frieden

5.1 Muslime auf Gesandtschaft in Frankfurt
5.1.1 Europa und das Osmanische Reich

Europa und der Orient begegneten sich seit jeher in den Zügen der alten Karawanen. Große Teile des Gewürzhandels mit Indien liefen über das Osmanische Reich. In den Hafenstädten der Levante[1] wurden die Waren vom Landweg auf Schiffe verladen, die zu den italienischen Hafenstädten fuhren. Diese seehandelnden Stadtstaaten, vor allem Genua und Venedig, waren die Drehscheiben im Warenverkehr zwischen dem Orient und Mitteleuropa. Die Frankfurter Venedighändler, z. B. die Blumengesellschaft im Goldenen Lämmchen[2], lebten von diesem Handelsweg. Seine Bedeutung nahm mit der Ostindien-Seefahrt der Portugiesen und Niederländer im 16. Jahrhundert schließlich stark ab. Seitdem wurden die Güter aus Indien und Ostasien in Städten wie Antwerpen angelandet[3].

Venedig suchte durch zahlreiche Kriege seinen Einfluss im östlichen Mittelmeerraum zu sichern. Ungeachtet der bestehenden Handelsbeziehungen entstanden so erste kriegerische Auseinandersetzungen mit dem Osmanischen Reich. Dieses expandierte mehr und mehr nach Nordwesten, nach Europa hinein. So befand sich schließlich auch Mitteleuropa seit der Schlacht auf dem Amselfeld 1389 (heute Kosovo) in intensiver militärischer Auseinandersetzung mit dem Osmanischen Reich. Entscheidende Wendemarken waren die Eroberung des bis dahin christlichen Konstantinopel 1453 sowie die Schlacht von Mohács (Südungarn) 1526. Höhepunkte der über mehrere Jahrhunderte andauernden Kampfhandlungen lagen im 16. und 17. Jahrhundert. Das ist die gleiche Zeit, in der in Europa die Glaubenskriege zwischen Protestanten und Katholiken bestimmend waren, und das Haus Habsburg und Frankreich zu mächtigen Konkurrenten wurden.

Mehr und mehr wurde das habsburgische Österreich zum Hauptträger der christlichen Verteidigung gegen das militärische Vordringen der Osmanen auf dem Kontinent. Bekanntlich standen die

---

1 Ostküste des Mittelmeeres.
2 Kapitel 10.1.
3 Kapitel 6.1 u. 10.

Ankunft der türkischen Krönungsbotschaft zu Frankfurt am Main bei der Krönung Maximilians II. im Jahre 1562, Jost Amman, 19. Jahrhundert, Fotolithografie nach dem historischen Holzschnitt.

historisches museum frankfurt
C02907, Foto: Horst Ziegenfusz

Türken 1529 und 1683 zweimal vor Wien. Freilich war das Osmanische Reich ein riesiger Vielvölkerstaat vom Balkan bis in den Irak, und man wird die „Türken" von damals ethnisch nur zum Teil mit den heutigen gleichsetzen können. Allerdings hatte man es in der Tat mit einem sunnitisch-muslimischen Staat zu tun, dessen Rechtsnachfolger heute die Türkei ist. Bis Ende des 15. Jahrhunderts waren die Christen zahlenmäßig in der Mehrheit und wurden von einer muslimischen Minderheit regiert. Die osmanischen Herrscher übten sich in einer weitgehenden religiösen Toleranz, zu der es freilich auch willkürliche Ausnahmen gab. Monotheistische Religionen wurden gemäß den Vorgaben des Korans toleriert, polytheistische dagegen verfolgt. Die griechisch-orthodoxe Kirche blieb relativ unangetastet. Das Osmanische Reich nahm auch jüdische Flüchtlinge auf, als in Spanien um 1492 die christliche Reconquista mit Zwangstaufen unter Todesandrohung erfolgte. „Abweichler" im muslimischen Lager, wie z. B. Schiiten, hatten im Osmanischen Reich einen niedrigeren Stand als Christen oder Juden.

Die Türkenkriege waren trotz heftiger islamfeindlicher Polemik keine „heiligen Kriege"

Liest man in den Geschichtsbüchern, so macht es nicht den Eindruck, als wäre es bei den Auseinandersetzungen zwischen Konstantinopel und dem Heiligen Römischen Reich um einen zutiefst religiös motivierten „heiligen Krieg" gegangen. Das habsburgische und das Osmanische Reich kämpften – beide mit Weltmachtanspruch – um die Vorherrschaft auf dem Balkan. Über die Abwehrkriege in Ungarn konnten sich die Habsburger letztlich auch die Krone Ungarns sichern. Es ging also um Expansionspolitik und Macht – natürlich auch mit religiösen Konnotationen.

Belege für den machtpolitischen und nicht primär religiösen Charakter der Konfrontationen finden sich viele. Frankreich z. B. war sich als Hochburg des Katholizismus nicht zu schade, sich mehrmals mit dem Osmanischen Reich gegen gemeinsame Gegner zu verbünden. Hier stand nicht die Religion, sondern das innereuropäische Kräftegleichgewicht im Vordergrund. Aus ähnlichen Gründen gab es in England zuweilen politische Sympathien für die Türken.

Das im Inneren multireligiöse Osmanische Reich dürfte noch weniger rein religiöse Motivationen zum Kampf gegen die christlichen Länder im Westen gehabt haben. Die osmanische Führung sympathisierte zeitweise mit den Protestanten, weil sie den habsburgischen Gegner schwächten. Einen treuen Osmanen machte vor allem die Loyalität zum Sultan aus – die Religionszugehörigkeit spielte eine nachgeordnete Rolle.

In der öffentlichen Stimmungsmache des christlichen Abendlandes herrschte allerdings eine massive islamfeindliche Polemik vor. Das Schüren der Angst vor den Türken diente dazu, dem Volk die langwierigen und teuren Kriege schmackhaft zu machen. Durchweg wurde der Islam als apokalyptisch-teuflische und zugleich brutale Religion dargestellt. Die Ideologie der Kreuzzüge wurde nun in veränderter Form auf einen europäisch-christlichen Abwehrkampf gegen die Türken übertragen.

Luther sah im Islam – vermittelt durch die militärischen Erfolge des Osmanischen Reiches – eine Strafe Gottes. Im Stil solcher Polemik war es zugleich beliebt, den jeweils christlichen konfessionellen Gegner – ob protestantisch oder katholisch – in die Nähe der „Türkenreligion" zu rücken. Luther tat dies mit dem Papst wie auch mit den Reformierten[4]. Auf der anderen Seite wetterten katholische Theologen gegen die Lutheraner als „neue Türken" und machten sie für die Erfolge der Osmanen verantwortlich[5].

Militärische Konflikte in halb Europa

Die Konfliktzonen der Türkenkriege verteilten sich über den gesamten Mittelmeerraum, angefangen von Freibeuter-Piraten im Westen, die von der afrikanischen Mittelmeerküste aus gegen Spanien und Frankreich agierten, bis in den Libanon. Große Truppenaufmärsche erlebte der Balkan hinauf bis nach Österreich und Ungarn. Immer wieder wechselten Erfolge beider Seiten einander ab. Friedensverträge gab es, aber sie waren brüchig.

Die Türkenkriege flauten erst Ende des 17. Jahrhunderts ab, als Russland erstarkte und nach Süden expandierte. Als der Zar drauf und dran war, Konstantinopel für die Orthodoxie zurückzuerobern, schwenkten die westlichen europäischen Mächte um und stärkten das schwächelnde Osmanische Reich gegen Russland.

Im Stadtarchiv wird ein Vertrag mit dem Osmanischen Reich[6] aus dem Jahr 1840 aufbewahrt, der von völlig veränderten, wenn auch nicht unproblematischen Beziehungen zeugt. Schließlich wird das Zweite Deutsche Kaiserreich mit den Osmanen die Bagdad-Bahn bauen und im 1. Weltkrieg Verbündeter des Osmanischen Reiches sein.

5.1.2 Erste Berührungen in Frankfurt

Unsere Frankfurter Geschichte spielt jedoch in der Mitte des 16. Jahrhunderts. Damals lag die militärische Übermacht bei den Osmanen.

Der kulturelle und wissenschaftliche Stand im Orient war in manchen Bereichen erheblich höher als in Europa. Unter Suleiman dem Prächtigen blühten Kunst und Architektur. Seine Regentschaft bis 1566 gilt als Höhepunkt osmanischer Machtentfaltung. Allerdings entwickelte sich im Lauf des 15. und 16. Jahrhunderts allmählich eine technische Überlegenheit Europas. Manche Erfindungen,

---

4 Kapitel 6.
5 Konrad, Von der ‚Türkengefahr' zu Exotismus und Orientalismus, Abschnitt 12, s. Literaturverzeichnis.
6 Kapitel 13.2.

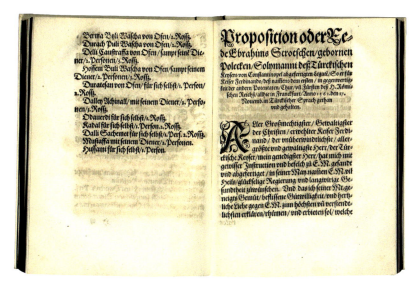

Beschreibung der türkischen Gesandtschaft von 1563, Druck von 1612.

Institut für Stadtgeschichte
Qu 7/8 (Ausführliche Quellenangabe s. Bildnachweis)

wie z. B. der Buchdruck, wurden im Osmanischen Reich auch aus religiösen Gründen lange nicht übernommen. Zugleich kam die Seefahrerei mehr und mehr in westeuropäische Hand. Das lag an technischen Neuerungen beim Schiffbau und vor allem an den neu entdeckten Seewegen im Ostindienhandel. Für das Jahr 1562 können wir aber noch davon ausgehen, dass sich die Großreiche des Westens und des Ostens auf Augenhöhe begegneten.

Ein Holzschnitt aus diesem Jahr zeigt den Einzug der Gesandtschaft des türkischen Sultans Suleiman zur Krönung Maximilians II. Der Holzschnitt von Jost Amman betont ganz besonders die Pracht der Gesandtschaft und spart im Vergleich zu zeitgenössischen Textquellen nicht an Übertreibungen, was die Größe der Gesandtschaft betrifft. Was hatte es damit auf sich?

Osmanen tief im Herzen des Reiches

Eine Delegation des osmanischen Sultans Suleiman des Prächtigen wurde von Konstantinopel nach Wien zum deutschen Kaiser geschickt. Es ging um einen Friedensvertrag. Nur der Gesandte Ibrahim Bey selbst und wenige Gefolgsleute wurden direkt vom osmanischen Herrschersitz entsandt. Interessanterweise handelte es sich bei Bey, auch Strozzen genannt, um einen Polen im Dienste des Sultans. Nach zeitgenössischen Berichten stieß ein Großteil der

Delegation erst in Ofen dazu, dem heutigen Buda (zu Budapest), das damals zum Osmanischen Reich gehörte. Das war ökonomischer.

Die Delegation traf den deutschen Kaiser nicht in Wien an und folgte ihm nach Frankfurt. Denn dort wollte Kaiser Ferdinand I. seinen Sohn Maximilian zum König wählen und krönen lassen[7]. Die Delegation wurde also nach Frankfurt am Main weitergeleitet. Bis dahin waren Osmanen noch nie so tief in das Reich vorgedrungen. Das jeweilige Repräsentieren von Macht und der vermeintlichen Überlegenheit der eigenen Kultur spielte eine große Rolle. So wurde die türkische Gesandtschaft von Wien über Prag nach Frankfurt geführt – ein klarer Umweg. Prag war in dieser Zeit erheblich größer und prächtiger als Wien. Daher sollten die Osmanen diese Stadt sehen. Denn die Habsburger hatten auch die Krone Böhmens inne.

Jost Amman hatte häufiger für den Hof gearbeitet. Sein Holzschnitt zeigt, wie wichtig seinen Auftraggebern die Darstellung ihrer Macht und Bedeutung war. Amman war vermutlich nicht persönlich in Frankfurt gewesen[8]. Aus den ihm vorliegenden Berichten vom Einzug der Delegation übernahm er korrekt die nächtliche Zeit und den Ort. Ansonsten machte Amman jedoch aus der Ankunft der Türken ein Großereignis. Das wurde dem Repräsentationsbedürfnis der Habsburger gerecht, aber nicht den historischen Fakten. Zudem pries Ammans Holzschnitt die türkische Gesandtschaft als Krönungsbotschaft an. Auch das entsprach wohl kaum der Wahrheit. Die Gesandtschaft war nicht wegen der Krönung gekommen.

Erkaufter Frieden

Im Grunde ging es bei der Delegation um einen von Kaiser Ferdinand I. erkauften Frieden mit dem Osmanischen Reich. Der türkische Sultan konnte aufgrund der damaligen militärischen Überlegenheit den Waffenstillstand mit den Habsburgern gegen deren Geldleistung erzwingen. Daher betrachtete er den deutschen Kaiser seit 1529 als seinen Vasallen und sich selbst als Oberherrscher auch über das Heilige Römische Reich Deutscher Nation. In den offiziellen Urkunden klingt das in kleinen diplomatischen Details durch.

---

7 Kapitel 5.2.
8 In aller Regel wohnten die Kupferstecher den Krönungsereignissen nicht persönlich bei. Sie waren durch das ohnehin festgelegte Zeremoniell und die Diarien (= ausführliche schriftliche Schilderungen der Vorgänge) informiert.

Merianplan von 1628; der rot markierte Teil zeigt den Trierischen Hof (links) und das Gasthaus Zur Gerste (rechts).

Institut für Stadtgeschichte
S8-Stpl/1628 – Bearbeitung:
Holger Wilhelm

Es gab somit deutliche Unterschiede in der öffentlichen Wahrnehmung der Friedensgespräche: Im christlichen Europa wollte man den Frieden als Vertrag zwischen Gleichberechtigten sehen. Dagegen handelte es sich aus Sicht der Regierung des Osmanischen Reiches um die Unterwerfung des Gegners, der nun Tribut zahlen musste. Das Haus Habsburg war ohnehin klamm, jedoch betrachtete man einen erkauften Frieden als günstiger als die noch viel teurere Kriegsführung.

Vor diesem Hintergrund sind Details der Aufnahme der Delegation und der Gespräche in Frankfurt interessant, zu denen es originale Beschreibungen gibt: Die Gesandtschaft wurde erst nachts eingelassen und musste in einem Garten kampieren. Erst am nächsten Morgen bezog man ein Quartier an der Fahrgasse. Ein Affront, der die Nervosität zeigt, mit der die Türken während der hochsensiblen Wahl- und Krönungszeit empfangen wurden. In der Forschung wird das „Hofspital" neben dem Gasthaus Zur Gerste als Unterkunft genannt. Im 19. Jahrhundert zeigte man offenbar in der Gerste selbst den Gastraum des türkischen Gesandten[9].

Fahrgasse Nr. 30, Hause Goldene Gerste, Hinterhaus, von der Klostergasse Nr. 10 im zweiten Stock aus gesehen, Carl Theodor Reiffenstein, 1860, Aquarell.

historisches museum frankfurt
R0311, Foto: Horst Ziegenfusz

9 Zu einem „Hofspital" in Frankfurt ist wenig herauszufinden. Es könnte sich auch um eine vorübergehende Einrichtung während der Anwesenheit des Kaisers zur Wahl- und Krönungszeit gehandelt haben. Das genutzte Gebäude könnte das Gasthaus Zum Schilder gewesen sein, eine Nobelherberge, die später mit dem Gasthaus Zur Gerste vereint wurde. So würde sich erklären, warum man die Erinnerung an die türkische Delegation schließlich im erweiterten Gasthaus Zur Gerste bewahrte.

Blick in den Trierischen Hof, im Hintergrund der Dom, Carl Theodor Reiffenstein, 1868, Aquarell.

historisches museum frankfurt
R0776, Foto: Horst Ziegenfusz

Während der Königswahlzeit galten aus Furcht vor Aufständen grundsätzlich erhöhte Sicherheitsmaßnahmen. Die Stadttore blieben geschlossen und die Judengasse wurde gesondert bewacht. Auch die türkische Gesandtschaft stand unter verstärkter Beobachtung, wie der Frankfurter Chronist Lersner[10] aus dem frühen 18. Jahrhundert erzählt. Auf dem kurzen Weg von der Unterkunft in der Fahrgasse bis zur Unterkunft des Kaisers im Trierischen Hof wurde die Delegation ebenfalls streng bewacht. Die Straßen sollen vor Schaulustigen brechend voll gewesen sein. Auch im Trierischen Hof drängten sich die Neugierigen.

Die repräsentative Hofanlage des Trierischen Hofes dürfte schon vor dem 2. Weltkrieg restlos verschwunden gewesen sein. Die Gebäude fielen 1711 einem großen Brand im Bereich der Töngesgasse und späteren Straßendurchbrüchen zum Opfer. Einen Eindruck von den Resten des alten Trierischen Hofes vermittelt Carl Theodor Reiffenstein, der 1850 Abbrucharbeiten dokumentierte. Durch die auf seinem Aquarell noch zu sehenden gotischen Torbögen könnten Kaiser und osmanische Delegation gezogen sein.

---

10 Lersner, Chronik II. Teil 1. Buch, S. 56, s. Literaturverzeichnis.

Mediale Verzerrung der Wirklichkeit

In der öffentlichen Wahrnehmung der Friedensverhandlungen ergab sich ein Bild von kultivierten, friedliebenden Türken. Dieses Bild unterschied sich stark von der üblichen Polemik vom blutrünstigen Türken, die nebenbei auch Jost Amman mit vielen anderen Holzschnitten bedient hatte. Im diplomatischen Detail der Audienz aber zeigt sich die Demonstration der osmanischen Überlegenheit in einer Weise, die auch den europäischen Herrschern nicht entgangen sein dürfte. So erlaubte sich der türkische Gesandte, dem Sprecher des Kaisers ins Wort zu fallen – so etwas geziemte sich sonst nicht. Die Forschung deutet den Vorfall als bewusste Demonstration der Osmanen, dass sie über den Dingen standen. Auch erhielt der Kaiser die osmanischen Gastgeschenke erst in einer zweiten Audienz am gleichen Tag. Damit sollte deutlich gemacht werden, dass die Geschenke nicht in einem inneren Zusammenhang mit dem Vertrag standen. Man schenkte also aus Großzügigkeit, nicht aus Unterwürfigkeit. Auch fielen die Geschenke trotz der wertvollen „exotischen" Tiere in Bezug auf den Anlass eher bescheiden aus.

Nie zuvor waren Muslime so zentral in Europa gewesen. In den historischen Beschreibungen spielte die Religion im Alltag der Gesandtschaft keine klar erkennbare Rolle. War eine Friedensdelegation auf „feindlichem Grund", so war sie von der Schutzmacht dort zu versorgen. Das galt vermutlich auch für diese Delegation. Es wäre spannend zu wissen, welche der Gesandten tatsächlich Muslime waren und wie sie in ihrer Zeit in Mitteleuropa, schließlich in Frankfurt, beteten und aßen. Hierüber ist leider nichts bekannt. Es finden sich keine Hinweise auf Fragen von geschächtetem Fleisch oder Gebetszeiten. Einzig in Bezug auf einen Gefangenenaustausch verlangten die Türken, dass ihren gefangenen Landsleuten Freiheit, auch der Religion, zu gewähren sei. Bei den Begrüßungsworten der Gesandtschaft ist die Formulierung „Ausserhalb Gott ist ihm keiner gleich." überliefert, die an die Schahada, das muslimische Glaubensbekenntnis erinnert: „Es gibt keinen Gott außer Gott - Mohammed ist der Gesandte Gottes".

5.2 Die Krönung Maximilians II. im November 1562

Die „Goldene Bulle", Kanzlei Karls IV., 1366, Frankfurt am Main, Weltdokumentenerbe.

Institut für Stadtgeschichte
Privilegien 107,
Foto: Uwe Dettmar

Noch kurz ein paar Worte zur Krönung von Kaiser Maximilian II.: Diese Krönung war die erste in Frankfurt, seit die Goldene Bulle von 1356 als Wahlort Frankfurt und als Krönungsort Aachen festgelegt hatte. Kaiser Ferdinand I. wollte frühzeitig die Königsnachfolge zu Gunsten seines Sohnes Maximilian II. klären. In Anbetracht der äußeren Bedrohung, aber auch der inneren religiösen Streitigkeiten des christlichen Abendlandes[11] konnte Ferdinand durchsetzen, dass sein Sohn zwei Jahre später automatisch die Kaiserwürde erhielt, ohne erneut oder gar in Rom bzw. Italien vom Papst gekrönt zu werden. Der Papst akzeptierte das vermutlich deshalb, weil Maximilian bei seiner Krönung zum böhmischen König zuvor in Prag Treue und Schutz für die katholische Kirche geschworen hatte.

Wir können den Wahlvorgang und die Krönung selbst hier nur kurz streifen: Auf lange Beratungen der Kurfürsten und anderer deutscher Potentaten im Römer folgte die förmliche Wahl in der Wahlkapelle des Doms. Nach dem Krönungsgottesdienst im Dom führte ein Festzug Kaiser und Gefolge über den Markt zum Römerberg. Im Römer gab es ausgiebige Feierlichkeiten der geladenen Gäste, während das Volk draußen mit Belustigungen, der Ochsenküche und dem Weinbrunnen bei Laune gehalten wurde. Für jedes Detail gab es ein festgelegtes Ritual. Der Tag auf dem Römerberg endete üblicherweise mit Raufereien um das Holz der Ochsenküche.

Die Krönung 1562 war ein europäisches Ereignis von allererstem Rang

Außer dem russischen Zaren, den Königen von Portugal und Schottland, der Eidgenossenschaft, Savoyen und Genua war ganz Europa in Frankfurt repräsentiert, nun sogar seine muslimischen Teile[12]. Allerdings nahm die türkische Delegation an den Krönungsfeierlichkeiten selbst nicht teil. Trotzdem werden Einflüsse dieser Feier-

---

11 Vgl. zur gleichen Zeit die spanischen Niederlande Kapitel 6.1, aber auch schwelende evangelisch-katholische Rivalitäten in Frankfurt Kapitel 8.
12 Armin Wolf, S. 531 f., s. Literaturverzeichnis.

lichkeiten auf das osmanische Krönungszeremoniell vermutet. Dort wurde Ende des 16. Jahrhunderts die Schwertgürtung eingeführt, seit Karl dem Großen Teil der Königskrönung im Heiligen Römischen Reich. Die türkische Delegation konnte sich in Frankfurt über die zahlreichen Veröffentlichungen und Beschreibungen bestens kundig machen. Es ist gut möglich, dass der Ritus aus Frankfurt übernommen wurde. Möglicherweise hatte die Schwertgürtung einen ganz alten Bezug zum Orient: Eine Legende besagte, dass das Schwert Karls des Großen ein Säbel war, der ihm im Rahmen von Kontakten zum Kalifen Harun ar-Raschid[13] geschenkt worden war.

Es wird auch nicht von ungefähr kommen, dass der Kaiser beim Krönungszeremoniell im Dom auf einem türkischen Teppich stand.

5.3 Weitere Erwähnungen von Muslimen in Frankfurt

In den weiteren Jahrhunderten liest man in den Stadtchroniken gelegentlich von getauften Türken in Frankfurt: Der Chronist Lersner berichtet wiederholt von Einzelfällen, in denen Türken getauft wurden, so z. B. in den Jahren 1689, 1693 und 1699. Ausführlicher ist sein Bericht über den Türken Johann Michael Cigala[14]: Dieser war im Juli 1669 von Mainz per Schiff in Frankfurt angekommen. Es hieß, er sei der Neffe des regierenden türkischen Kaisers gewesen. Der Rat der Stadt ließ den hohen Gast per Kutsche in seine Unterkunft bringen.

Diese war das Rote Männchen, Mainkai 36, nahe dem Fahrtor. Das Haus Zum Roten Männchen wurde 1766 neu erbaut und gehörte im frühen 19. Jahrhundert der Bankiersfamilie Willemer[15]. Marianne von Willemer wird Goethes Suleika im West-östlichen Divan[16].

Die Stadt hat Cigala mit seinen Leuten acht Tage lang kostfrei gehalten, berichtet Lersner weiter. Man zeigte ihm die neuen Wälle, Zeughäuser und die Goldene Bulle – und er zeigte sich guter Laune. An europäischen Sprachen beherrschte Cigala nur Italienisch. Bevor er Christ geworden sei, habe er Ussaim geheißen und sei Pascha zu Jerusalem gewesen. Nach vielen Kriegen gegen Christen habe

---

13 Kapitel 2.3.
14 Lersner, Chronik II. Teil 1. Buch, s. Literaturverzeichnis.
15 Kapitel 11.2.2.
16 Kapitel 11.2.3.

er sich 1667 in Neapel taufen lassen und seinen jetzigen Namen angenommen.

Ansonsten berichtet Lersner natürlich oft von Bekanntmachungen und Aufrufen im Zusammenhang mit den Türkenkriegen.

Berichte von einer Art türkischen Konsulats („deutsch-türkischer Verein") im 19. Jahrhundert belegen eine ständige türkische Vertretung in der Stadt. Das passt zu den bilateralen Verträgen[17] dieser Zeit. Beim Begriff „Osmanisches Reich" darf jedoch nicht übersehen werden, dass dieses zu einem beträchtlichen Teil eine nichtmuslimische Bevölkerung hatte. Vertreter des Osmanischen Reiches in Frankfurt müssen daher nicht zwangsläufig Muslime gewesen sein.

Auch andere Erzählungen ranken sich um „Türken" in Frankfurt, wie z. B. die Geschichte zum Haus Zum Türkenschuss an der Ostecke Zeil/Hasengasse: Von dort aus soll ein Türke – in Sagenbüchern heißt er Dhul Makan, aus Algerien stammend – aus Eifersucht Schüsse nach gegenüber abgegeben haben. Kurz nach der Tat sei er wieder abgereist.

---

17 Kapitel 13.2.

Orte des Geschehens

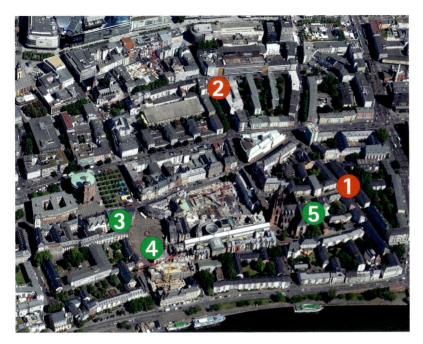

Darstellungsgrundlage: Schrägluftbilder 2014, Ausschnitt; Geobasisdaten: © Stadtvermessungsamt Frankfurt am Main; © Hessische Verwaltung für Bodenmanagement und Geoinformation; Lizenznummer 623-3215-D

❶ **Ehemaliger Standort des Gasthauses Zur Gerste**
Fahrgasse, in etwa gegenüber der Einmündung Kannengießergasse, auf der Ostseite bei dem Hofdurchgang – Die Gerste war der Unterkunftsort der türkischen Gesandtschaft von 1562. [Kapitel 5.1.2]

❷ **Ehemaliger Standort des Trierischen Hofes**
Hasengasse in Höhe der Stadtbücherei (Hasengasse 4) – Das umfangreiche patrizische Anwesen war Unterkunftsort von Kaiser Ferdinand I. und Maximilian II. während der Wahl- und Krönungszeit 1562. Hier empfing Ferdinand die türkische Gesandtschaft. Der Komplex fiel einem großen Brand 1711 und späteren Straßendurchbrüchen zum Opfer. [Kapitel 5.1.2]

❸ **Kaisersaal im Römer**
Römer, Römerberg, Wiederaufbau nach dem 2. Weltkrieg, teils mit zeitgemäßen Stilelementen, jedoch unter Verwendung der originalen Kaiserbildnisse aus dem 19. Jh. – Der Kaisersaal war seit 1562 Ort des Festbanketts nach Krönungsfeiern. [Kapitel 5.2]

❹ **Ochsenküchen-Steine**
Römerberg, Straßenpflaster – Im Pflaster vor der Nikolaikirche markieren vier Steine den Standort der Ochsenküche („OK"), an der zu Krönungsfeiern ein kompletter Ochse gebraten wurde. [Kapitel 5.2]

❺ **Dom, Wahlkapelle**
Südlich am Chorschiff anschließend – Nach langen Verhandlungen wurde die Wahl der Kaiser schließlich in der Wahlkapelle formell vollzogen. Seit 1562 wurden die Kaiser auch im Dom gekrönt (zuvor in Aachen). [Kapitel 5.2]

6 Niederländische Glaubensflüchtlinge – Konfessionskampf und Staatsraison

6.1 Die Lage in Frankfurt und Antwerpen um die Mitte des 16. Jahrhunderts

Schon die Einleitung dieses Buches nimmt Bezug auf die immense Zuwanderung von niederländischen Glaubensflüchtlingen nach Frankfurt Ende des 16./Anfang des 17. Jahrhunderts. Damals bestand die Frankfurter Bevölkerung zeitweise bis zu einem Viertel aus Flüchtlingen aus den sogenannten „spanischen Niederlanden"[1], die zum Teil über mehrere Generationen hinweg kein Deutsch sprachen. Bei der Aufnahme in der Stadt wurde ihnen der Bürgereid[2] auf Französisch vorgelegt. Trotz vieler Konflikte hat dieser Strom von Zuwanderern der Stadt wirtschaftlich das Überleben gesichert. Viele der eingewanderten Familien prägten später die wirtschaftlichen und teilweise auch die politischen Geschicke der Stadt entscheidend mit. Anfang des 17. Jahrhunderts hatte Frankfurt zusammen mit den Juden einen „Ausländeranteil" von einem Drittel.

Was war geschehen?

Als Zentrum von Buchproduktion und -handel kam Frankfurt früh mit dem Gedankengut Luthers in Berührung. Nach ersten evangelischen Predigten 1522 dauerte es jedoch bis 1533, ehe sich der Rat unter dem Druck der Bevölkerung zum Verbot des katholischen Gottesdienstes entschloss. Das war gewagt, weil Frankfurt in Sachen Königswahl und Messeprivilegien von den katholischen Kaisern abhängig war. Als sich 1547 im Schmalkaldischen Krieg die Niederlage der evangelischen Fürsten gegen Kaiser Karl V. abzeichnete, unterwarf sich die Stadt dem Kaiser. Daraufhin wurde 1548 die katholische Messe im Dom und in weiteren Stiftskirchen wieder zugelassen. Durch diese Zugeständnisse der weiterhin evangelischen Stadt konnte das Verhältnis zum katholischen Kaiserhaus in letzter Sekunde gerettet werden. Frankfurt war aber durch die

---

1 Die „spanischen Niederlande" waren der südliche Teil des Landes unter habsburgischer Herrschaft – vgl. weiter unten in diesem Kapitel.
2 Kapitel 3.1.

Winterlandschaft bei Antwerpen mit Schneefall, Lucas d. Ä. van Valckenborch, 1575; das Bild zeigt im Hintergrund die Schelde und die Stadtsilhouette Antwerpens.

Städel Museum, Frankfurt am Main
Foto: Städel Museum - U. Edelmann – ARTOTHEK

unglückliche Mitgliedschaft im Schmalkaldischen Bund wirtschaftlich nahezu ruiniert. Wie bereits beim Beitritt zum Schmalkaldischen Bund, verpflichtete sich die Reichsstadt Frankfurt 1552 im Rahmen des Passauer Friedens zwischen den Lutherischen und den Kaiserlichen erneut zur Treue gegenüber der lutherischen Konfession. Die o. g. Ausnahmen für katholische Gottesdienste wurden freilich beibehalten. Vor dem Eintritt in den Bund war Frankfurt dagegen eher mit der süddeutschen und zum Teil auch schweizerischen Reformation verbunden gewesen.

Engere Beziehungen bestanden zum Straßburger Reformator Martin Bucer, der theologisch der schweizerischen Reformation nahe stand, diese aber auch mit lutherischen Positionen zu verbinden suchte. Auch zu Johannes Calvin in Genf, der Frankfurt erstmals 1539 besuchte, pflegten einige Patrizier enge Kontakte. Damit gab es in der Frühzeit der Frankfurter Reformation durchaus stärkere reformierte Einflüsse, die erst später von lutherischen Strömungen verdrängt wurden.

Der Landesherr bestimmte die Konfession

Das nun festgeschriebene Luthertum stand auch im Zusammenhang mit den bald folgenden Regelungen des Augsburger Religionsfriedens von 1555, der den Grundsatz „cuius regio, eius religio" festlegte: Der Landesherr bestimmte die Konfession – und daran hatten sich dann alle zu halten. Dem katholischen habsburgischen Kaiserhaus schien das eine Zeit lang recht, Hauptsache es kam Ruhe ins Land. Schließlich hatte man mit den Türkenkriegen[3] noch ganz andere Probleme. Die „Augsburgische Konfession", wie man das Luthertum damals nannte, war seit dem Augsburger Religionsfrieden die zweite reichsrechtlich anerkannte Religion neben der katholischen Kirche. Die Reformierten bzw. „Calvinisten", wie ihre Gegner sie nannten, genossen diese Rechtsstellung nicht. Sie wurden den Lutherischen erst 1648 im Westfälischen Frieden nach dem Dreißigjährigen Krieg rechtlich gleichgestellt. Das ist wichtig zu wissen, weil es die Konflikte in Frankfurt mit begründete.

Der Begriff „Reformierte" war und ist in der Selbstbezeichnung der Gemeinden gebräuchlich, während die Lutheraner und Katholiken die Reformierten in Bezug auf den Genfer Reformator Johannes Calvin gerne als „Calvinisten" betitelten. Calvin selbst lehnte den auf ihn persönlich bezogenen Begriff strikt ab. Kirchengeschichtlich gesehen lässt sich die reformierte Tradition im Protestantismus nicht auf Calvin beschränken, wenn auch sein Wirkungskreis in Europa sehr groß war. „Calvinistische" Strömungen finden sich über die mitteleuropäischen Reformierten hinaus auch in vielen protestantischen Kirchen des angloamerikanischen Raums. Neben Calvin stehen aber weitere berühmte Reformatoren, wie Huldrych Zwingli und Heinrich Bullinger in Zürich, ebenso für die reformierte Tradition.

Die Stadt Frankfurt war in jener Zeit nicht nur durch die Konfessionskriege finanziell ruiniert, sondern auch durch mangelnde wirtschaftliche Innovation in keinem guten Zustand. Zudem hatte die Stadt große Rücklagen beim Kupferhandel verspekuliert.

Schon der Beginn des 16. Jahrhunderts stand finanziell unter keinem guten Stern. 1514 war die Errichtung des Domturms nach 99 Jahren Bauzeit in einer

---

3   Kapitel 5.1.1.

Höhe von 72 Metern unvollendet eingestellt worden. Der von Stadtbaumeister Madern Gerthener geplante und begonnene Turm wurde mit einer schmucklosen Kuppel abgeschlossen. Auch für viele andere filigrane Verzierungen reichte offenbar das Geld nicht mehr. Erst nach dem großen Dombrand im Jahr 1867 wurde der Domturm nach den mittelalterlichen Plänen fertig gebaut und erreichte mit der schönen Laterne eine Höhe von 95 Metern.

Die Habsburger griffen hart durch

In dieser Zeit begannen die katholischen Herren über die südlichen Teile der Niederlande[4], ihren Machtanspruch auch in konfessionellem Sinne durchzusetzen. Herrscher dieser Region waren seit 1551 die Habsburger auf dem spanischen Thron, weshalb der betreffende Teil der Niederlande auch die „spanischen Niederlande" hieß. Die Menschen dort hätten sich selbst jedoch eher als Flamen und Wallonen bezeichnet. An sich setzten die neuen Herrscher den Gedanken des Augsburger Religionsfriedens durch: Sie waren katholisch, also sollten es die Untertanen auch sein. In beiden Teilen der Niederlande waren jedoch die Reformierten calvinistischer Prägung in der Mehrheit. In Antwerpen gab es zudem auch eine kleine lutherische Gemeinde.

Das Land war wirtschaftlich weit entwickelt, Antwerpen eines der bedeutendsten Zentren des Welthandels. Unter der spanischen Herrschaft wurde eine mehr oder weniger blutige Rekatholisierungspolitik betrieben. Als Reaktion radikalisierte sich die Reformation, und die reformierte bzw. calvinistische Strömung gewann endgültig die Oberhand. Es kam zu großen Flüchtlingsströmen und auch Phasen geordneter Auswanderung nach Deutschland, England und in die nördlichen Niederlande. Während die nördlichen Provinzen nach Jahrzehnten unter Wilhelm von Oranien die Freiheit errangen und als „Generalstaaten" selbstständig wurden[5], konnten die Spanier Antwerpen 1585 von den Aufständischen zurückerobern. Dies löste eine zweite und noch größere Fluchtwelle aus, die auch in Frankfurt deutlich zu spüren war.

---

4 Die betreffende Region war nahezu identisch mit dem heutigen Belgien und einem kleinen Teil Nordfrankreichs.
5 Die „Generalstaaten" waren ursprünglich eine Ständeversammlung, ähnlich dem Reichstag im Heiligen Römischen Reich Deutscher Nation. Heute ist es die Bezeichnung des niederländischen Parlaments. Da die Generalstaaten seit der Unabhängigkeit der Souverän des Landes waren, wurde öfter auch der Staat selbst so genannt.

6.2 Die Aufnahme der ersten Glaubensflüchtlinge 1554

1554 erreichten die ersten reformierten Glaubensflüchtlinge Frankfurt. Ein Teil von ihnen war über England gekommen. Dort hatte die Gruppe zunächst Aufnahme gefunden, musste aber unter dem katholisch gewordenen Königshaus (Mary I. Tudor) wieder fliehen. So folgte der niederländischen Flüchtlingsgruppe auch bald eine englische unter John Knox, dem späteren Reformator von Schottland. Diese Gruppe kehrte nach wenigen Jahren von Frankfurt nach England zurück, als sich dort die Verhältnisse beruhigt hatten – allerdings nicht, ohne sich mit dem „Englischen Monument" beim Rat der Stadt zu bedanken.

Die französischsprachige Gemeinde der Wallonen wurde vom Prediger Valérand Poullain angeführt, der in einer vermutlich ursprünglich lateinischen oder französischen Bittschrift an den Rat die Aufnahme der Flüchtlinge erbat. Als Argument für die Wahl Frankfurts wurden bestehende Handels- und Messebeziehungen angeführt. Es waren viele Handwerker der Textilverarbeitung unter den Flüchtlingen – keineswegs nur reiche Händler. So bot man dem Rat an, die Flüchtlinge könnten den Frankfurtern die Kenntnisse zur Bursatherstellung[6] vermitteln und so neue Erwerbsquellen eröffnen. Das Argument war immens wichtig, denn der Rat wachte streng darüber, dass nur in die Stadt aufgenommen wurde, wer durch seinen Beruf nicht anderen die Grundlage des Nahrungserwerbs streitig machte. Grundsätzlich war es eine der obersten Pflichten der Stadt, für ihre Bürger eine ausreichende Ernährungsgrundlage, den „Nahrungsschutz"[7], zu gewährleisten.

Das Englische Monument, Trinkgefäß in Gestalt einer Säule, gefertigt 1558/1559 in Antwerpen, 54 cm, vergoldet; Silber.

historisches museum frankfurt X00041, Foto: Horst Ziegenfusz

---

6 Bursat ist ein Baumwollmischgewebe.
7 Kapitel 3.1.

Am Anfang ging noch alles gut

Den niederländischen Flüchtlingen wurde der Aufenthalt gewährt und auch das Abhalten eigener Gottesdienste in der Weißfrauenkirche gestattet. Damit ist die heute noch bestehende Französisch-reformierte Gemeinde Frankfurts die älteste eigenständig verfasste Gemeinde der Stadt und die älteste Migrantengemeinde Deutschlands überhaupt. Bis 1916 wurden die Gottesdienste in französischer Sprache gehalten. Die Gemeinde besteht heute als Teil der Evangelischen Kirche in Hessen und Nassau und bietet nach wie vor einmal im Monat einen Gottesdienst in französischer Sprache an.

Die Weißfrauenkirche am 22. Oktober 1911, Gottfried Vömel, 1911, Fotografie.

Institut für Stadtgeschichte, S7Vö/418

1555 kam in der Weißfrauenkirche auch ein Gottesdienst in niederländischer Sprache dazu, weil der Anteil der flämischen Flüchtlinge gestiegen war. Damit war auch die Niederländisch-reformierte Gemeinde begründet[8]. Sie wechselte 1636 offiziell zur deutschen Sprache und nannte sich fortan Deutsch-reformierte Gemeinde. Heute ist sie als Evangelisch-reformierte Gemeinde ebenfalls Teil der hessen-nassauischen Landeskirche.

Die reformierten Gemeinden zeichnen sich durch ein hohes Maß an Selbstverwaltung und ehrenamtlichem Engagement aus. Im Vergleich zu den lutherischen, unter der Ägide der Landesherren stehenden Gemeinden waren sie damals ein gutes Stück „demokratischer". Alle Ämter wurden von den männlichen Gemeindemitgliedern gewählt. Vielleicht waren die reformierten Gemeinden auch deshalb den Lutherischen und der Obrigkeit ein Dorn im Auge, nicht nur wegen theologischer Differenzen. Diese bestanden vor allem im Verständnis des Abendmahls, aber auch in anderen theologischen Fragen, wie der Vorherbestimmung (Prädestinationslehre) und der Kirchenzucht.

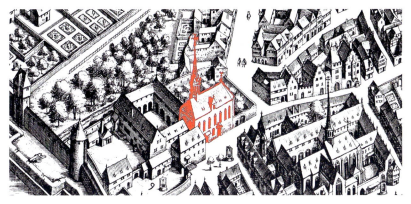

Merianplan von 1628; der rot markierte Teil zeigt die Weißfrauenkirche.

Institut für Stadtgeschichte S8-Stpl/1628 – Bearbeitung: Holger Wilhelm

---

8   1570 erfolgte noch einmal eine Neugründung.

Über die Frage des Abendmahls gab es zwischen Martin Luther und dem Zürcher Reformator Huldrych Zwingli im Jahr 1529 den berühmten Einigungsversuch in Marburg. Luther betonte die heilsstiftende Gegenwart Jesu Christi selbst im Abendmahl; Zwingli dagegen sah darin vor allem eine gemeinschaftsstiftende Gedächtnisfeier. Während Lutheraner und Reformierte heutzutage unter Achtung gewisser Differenzen ihre Sakramente und damit auch die Gültigkeit der Abendmahlsfeiern gegenseitig anerkennen[9], konnte der Streit damals für Jahrhunderte nicht beigelegt werden. Dabei hätte der heraufziehende Schmalkaldische Krieg zwischen katholischen und protestantischen Fürsten und Städten im Reich eine Einigung der Protestanten so dringend benötigt. Vielleicht blieben auch deshalb die internen Animositäten der beiden protestantischen Richtungen über lange Zeit so heftig.

6.2.1 Streit um den reformierten Gottesdienst in Konkurrenz mit Hanau

Es gab bald Streit um die Ausübung des Gottesdienstes. Im Bittschreiben hatte Poullain noch formuliert, man sei doch des gleichen Glaubens im Sinne des Apostels Paulus; man wolle die eigenen Gottesdienste unter die Aufsicht der Stadt stellen. Darunter hatte der Rat der Stadt – zu vertrauensselig? – verstanden, die Flüchtlinge wären bereit, sich einer lutherischen Kirchenaufsicht zu unterwerfen. Das wäre reichsrechtlich unbedenklich gewesen, da das Luthertum als Augsburgische Konfession einen anerkannten Status hatte. Faktisch feierte die niederländische Gemeinde aber reformierte Gottesdienste mit einem entsprechend unterschiedlichen Verständnis vor allem des Abendmahls. Dagegen wurden die lutherischen Prediger der Stadt beim Rat vorstellig.

In der frühen Zeit der niederländischen Einwanderung hatten sich Philipp Melanchthon auf lutherischer und Johannes Calvin auf reformierter Seite mehrfach persönlich für eine gütliche Einigung zwischen Reformierten und Lutheranern in Frankfurt eingesetzt. Die beiden überragenden Theologen ihrer Zeit verfügten über gute Kontakte zu einigen Frankfurter Patriziern, die ihrerseits ein großes Interesse an einer Vermittlung der Positionen hatten.

Während die reformierten Flüchtlinge also im Rat eine Reihe von wohlgesonnenen Unterstützern hatten, allen voran den Patrizier Klaus Bromm,

---

9   Leuenberger Konkordie von 1973.

sahen sie sich im lutherischen Predigerministerium[10] unter Leitung von Hartmann Beyer mehr und mehr einer erbitterten Gegnerschaft gegenüber. Als sich ab Mitte des 16. Jahrhunderts in der Stadt eine strenge lutherische Richtung durchsetzte[11], blieben die Vermittlungsbemühungen mehr und mehr erfolglos.

Nach vielen Versuchen, die Reformierten zur inhaltlichen Einigung mit den Lutheranern zu bewegen, entzog der Rat schließlich 1561 die Genehmigung zum öffentlichen Gottesdienst in der Weißfrauenkirche. Die Niederländer durften nur noch privat Gottesdienste halten. Viele wanderten in die Pfalz nach Frankenthal ab, wo ein durch Heirat reformiert gewordener Herrscher eine Bleibe anbot. Der Wegzug reicher Händler aus Frankfurt traf den Rat sehr, weshalb man weitergehende Verbote unterließ. Aufgrund neuer Flüchtlingswellen nach 1585 stieg aber wieder der Druck durch die Lutheraner und die Handwerkerschaft, sodass es 1594 (niederländisch) und 1596 (französisch) zu Komplettverboten des Gottesdienstes in den Mauern der Stadt kam. Die Folge war eine spürbare Abwanderung nach Hanau, wo 1596 mit der Anlage der Neustadt begonnen worden war. Die Grafen von Hanau waren reformiert und nutzten gerne die Gelegenheit, Frankfurt wirtschaftliches Potenzial abzuziehen.

Im Zuge des Hanauer Stadtausbaus entstand eine Wallonisch-Niederländische Doppelkirche. Sie wurde 1600 bis 1609 mit ausdrücklicher Förderung des Grafen Philipp-Ludwig II. von Hanau-Münzenberg von den Emigranten erbaut. Nach Kriegszerstörungen wurde der niederländische Teil 1959 bis 1960 wiederhergestellt. Ein Denkmal erinnert an die Schlüsselübergabe durch die Emigranten an den Grafen.

Die Stadt Frankfurt setzte sich gegen den Wegzug mit juristischen Mitteln zur Wehr: Sie versuchte, die eingebürgerten Refor-

Wallonisch-Niederländische Doppelkirche in der Hanauer Neustadt; im Vordergrund links das Denkmal zur Schlüsselübergabe.

Foto: Holger Wilhelm

---

10 Das Predigerministerium war die Dienstversammlung der damals acht lutherischen Prädikanten der Stadt.
11 Kapitel 6.1.

mierten mit hohen Strafabgaben im Falle des Wegzugs zum Bleiben zu zwingen. Im Rahmen des Bürgerrechts[12] konnte ein Ausgleich für Mittel verlangt werden, die den Sozialkassen durch den Wegzug entgingen. Die Rechtsstreitigkeiten zwischen Frankfurt und Hanau wurden auf beiden Seiten recht harsch ausgetragen und dehnten sich auch auf kleine Grenzkonflikte zwischen beiden Städten aus. Letztlich war die Gruppe der Auswanderer nicht so groß wie in Frankfurt befürchtet bzw. in Hanau erhofft. Nicht wenige zogen später wieder nach Frankfurt zurück[13]. Die reichsten Reformierten blieben in Frankfurt, allerdings wurden viele Produktionsbetriebe in das billigere Hanau verlegt. So wurde Hanau nicht zu einer Konkurrenzstadt, sondern zu Frankfurts verlängerter Werkbank. Darüber waren weder die Grafen in Hanau noch der Rat und die Handwerker in Frankfurt glücklich.

Eine Holzkirche außerhalb der Stadtmauer

Die in Frankfurt verbliebenen Reformierten nutzten ab 1601 eine hölzerne Kirche vor dem Bockenheimer Tor als Gottesdienstort. Die Stadt hatte diese Möglichkeit aus Angst vor zu großer Abwanderung eingeräumt. Schon sieben Jahre später brannte diese ab, vermutlich wegen Brandstiftung im Zusammenhang mit den Streitigkeiten zwischen Frankfurt und Hanau. Nun musste der Gottesdienst zunächst in Offenbach, ab 1633 in Bockenheim gefeiert werden, das zur Grafschaft Hanau gehörte. Über eineinhalb Jahrhunderte folgten Bittschriften und Prozesse mit immensen Kosten, sogar Interventionen von Preußen, England, Dänemark und den niederländischen Generalstaaten. Es nutzte nichts: Frankfurt ließ sich von seiner rigiden Politik nicht abbringen. Dabei darf man vermuten, dass es nicht nur um Staatsraison[14] und lutherische Engstirnigkeit ging, sondern auch um ein Ventil für den wachsenden Unmut über die reichen Reformierten[15] in der Stadt. Es bleibt aber eine eklatante Tatsache, dass den Reformierten die Religionsausübung in der

Abendmahlsbecher der Gemeinde Bockenheim, um 1600, Silber vergoldet; die Form orientiert sich vermutlich an calvinistischen Vorbildern; die Reformierten aus Frankfurt dürften diesen Becher ab 1633 mit benutzt haben.

Ev. Gemeinde Bockenheim, Foto: Günther Dächert

---

12 Kapitel 3.1.
13 Vgl. die Gebrüder Bernus, die ebenfalls von Hanau nach Frankfurt wechselten und 1715 den Bernusbau am Saalhof errichten ließen. Sie stammten allerdings nicht ursprünglich aus Frankfurt. Vgl. Kapitel 7.3.
14 Vgl. den Augsburger Religionsfrieden, demgemäß Frankfurt lutherisch bleiben musste.
15 Kapitel 7.

lutherischen Stadt verwehrt blieb, während Katholiken und Juden dieses Recht besaßen.

Interessanterweise gab es eine zeitweise Ausnahme für die Zulassung eines reformierten Gottesdienstes in den Mauern der Stadt – sogar in einem städtischen Gebäude: Als 1688 bis 1690 hessische Truppen in der Stadt einquartiert waren[16], wurde für die Soldaten reformierten Glaubens ein Gottesdienst im städtischen Leinwandhaus[17] eingerichtet. Die Deutsch-reformierte Gemeinde erhielt in dieser Zeit die Erlaubnis, an diesen Gottesdiensten teilzunehmen. Danach blieb wieder alles beim Alten. Stadtgeschichtliche Autoren des 19. Jahrhunderts[18] berichten, dass das Leinwandhaus auch schon im 16. Jahrhundert Gottesdienstort für wallonische Flüchtlinge gewesen sei.

Deutsch-reformierte Kirche am Kornmarkt, Bund tätiger Altstadtfreunde, ca. 1935, Fotografie.

Institut für Stadtgeschichte
S7A/17.771

Eigene Gotteshäuser – aber bitte unauffällig

Erst im November 1787, im Zeitalter der Aufklärung, gestattet das „Willfahrungsdekret" den Frankfurter reformierten Gemeinden, innerhalb der Stadtgrenzen wieder Gottesdienste zu feiern und eigene Bethäuser zu errichten – allerdings ohne Turm und Glocken. Die Kirchen hatten wie Wohngebäude auszusehen[19]. Faktisch handelte es sich nur um eine Erlaubnis für Privatgottesdienste wie noch bis 1594/96 gegeben.

Die Deutsch-reformierte Gemeinde baute am Großen Kornmarkt, die Französisch-reformierte Gemeinde am Goetheplatz ein repräsentatives Gotteshaus. Beide Kirchen wirkten wie Stadtpaläste. Sie gingen im Bombenhagel des 2. Weltkriegs zugrunde.

Die Reformierten erhielten die volle Gleichberechtigung, d. h. auch den Zugang zum Senat und zu den städtischen Ämtern, allerdings erst 1806 unter napoleonischer Herrschaft. Ab diesem Zeitpunkt durften auch Trauungen und Taufen durchgeführt werden. Zuvor musste die Gemeinde diese Amtshandlungen bei den Lutherischen vornehmen lassen. Das schmerzte die Reformierten sehr, wurde aber unter Vermittlung Calvins wohl oder übel akzeptiert.

Französisch-reformierte Kirche am Goetheplatz, unbekannt, 1904, Fotografie.

Institut für Stadtgeschichte
S7A/18.225

Innenraum der Französisch-reformierten Kirche am Goetheplatz,
P. C. Stern, ca. 1800.

Institut für Stadtgeschichte
S7A/18.234

---

16 Hessen-Kassel war wegen französischer Angriffe auf Süddeutschland in Frankfurt in Habachtstellung.
17 Kapitel 4.2.
18 Z. B. Friedrich Krug, zitiert in der Festschrift zum Wiederaufbau des Leinwandhauses, S. 60, s. Literaturverzeichnis.
19 Das erinnert sehr an heutige Moscheebaudebatten, wo über Minarett und Muezzin im Stadtbild diskutiert wird.

Peterskirchhof, alter christlicher Friedhof der Stadt. Eine Reihe von Grabstätten niederländischer Einwandererfamilien findet sich bis heute auf diesem historischen Friedhof:

Grabstätte von Angehörigen der Familie de Neufville.

Mit dem Bau der Kirchen und der Anerkennung der Reformierten als städtische Bürger begannen eine Blütezeit und ein starkes Engagement der Reformierten in der Stadt – ähnlich wie auch bei der Jüdischen Gemeinde im 19. Jahrhundert.

6.2.2 Lutherische Flüchtlinge

Ganz anders erging es der dritten Flüchtlingsgemeinde von Niederländern, der Niederländischen Gemeinde Augsburgischer Confession. Diese kleine Gemeinde verstand sich als Fortführung der 1521 in Antwerpen gegründeten lutherischen Gemeinde. Sie übernahm auch in Frankfurt deren Siegel und führte die Dokumente der Gemeinde aus Antwerpen mit. Vor allem seit 1585 flüchteten viele Lutheraner aus Antwerpen, wo sie „Martinisten" genannt wurden. Das Jahr ist das Gründungsjahr der Gemeinde in Frankfurt.

Zu dieser verhältnismäßig kleinen Gemeinde gehörten vor allem reiche Großkaufleute, Goldschmiede und Diamantenschleifer. Anders als bei den reformierten Gemeinden mit anfänglich nur wenigen reichen Mitgliedern brachten diese lutherischen Flüchtlinge von Anfang an großes wirtschaftliches Potenzial mit. Religiöse Integrationsschwierigkeiten gab es keine, war man sich doch im Luthertum auch mit Frankfurt einig. Über eine lange Zeit stellte die Stadt der Gemeinde einen lutherischen Prediger in französischer Sprache. So gelang den Mitgliedern nicht nur schnell die Aufnahme ins Bürgertum, sondern – durch Einheirat – auch in die Patriziergesellschaften Alten-Limpurg und Frauenstein[20]. Sie wurden Teil der herrschenden Schichten. Bedeutende Namen der Frankfurter Stadtgeschichte, wie die Andreae, gehören hierher. Durch eheliche Verbindungen wurden auch alte Frankfurter Familien Mitglieder der Gemeinde, wie die Metzlers.

Die Integration der lutherischen Flüchtlinge aus Antwerpen fiel also viel leichter. Die Bewahrung der eigenen Identität gelang damit natürlich nicht so gut. Die sprachlichen Eigenheiten – auch hier gab es niederländische und französische Gottesdienste in der Weißfrauenkirche – verloren sich schneller. Schließlich ging die Gemeinde religiös gesehen in der bestehenden lutherischen Kirche der Stadt auf. Seit 1876 ist die „Niederländische Gemeinde Augsburger Confession" ein Verein, dem die Leitung der wohltätigen Stiftungen der Gemeinde obliegt[21].

Grabstätte von Angehörigen der Familie du Fay.

Fotos auf S. 72/73:
Holger Wilhelm

(Orte des Geschehens nächste Seite)

---

20 Kapitel 3.1.
21 Dazu gehörte von Anfang an ein Armenkasten und seit 1787 ein Waisenhaus im Großen Hirschgraben, heute auch eine Stiftung.

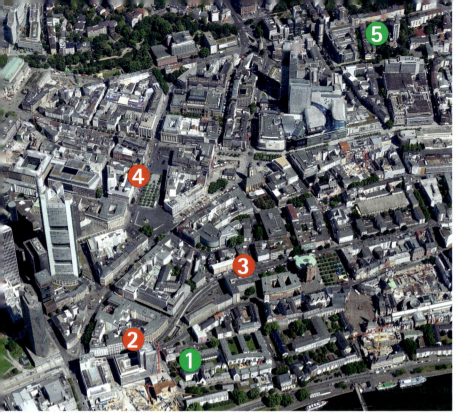

Orte des Geschehens

Darstellungsgrundlage: Schrägluftbilder 2014, Ausschnitt; Geobasisdaten: © Stadtvermessungsamt Frankfurt am Main; © Hessische Verwaltung für Bodenmanagement und Geoinformation; Lizenznummer 623-3215-D

❶ **Institut für Stadtgeschichte/ehemaliges Karmeliterkloster, Annenkapelle**
Münzgasse 9, ehemaliges Karmeliterkloster, heute Nutzung durch das Institut für Stadtgeschichte sowie das Archäologische Museum (Klosterkirche und Neubau an der Alten Mainzer Gasse); im Bereich der Klosterkirche findet sich die Annenkapelle – Das ehemalige Karmeliterkloster beherbergte die Annenbruderschaft, eine internationale Verbindung von Kaufleuten, die das Kloster in vorreformatorischer Zeit in vielfältiger Weise unterstützt hat. Sicher fänden wir in dieser Bruderschaft auch niederländische Kaufleute wieder, lange bevor sie aus ihrer Heimat fliehen mussten. [Kapitel 6.1]

❷ **Ehemaliger Standort der Weißfrauenkirche**
Weißfrauenstraße 8, Südwestecke des Gebäudes des Frankfurter Hofs – In der ehemaligen Klosterkirche feierten die Flüchtlinge aus den spanischen Niederlanden (sowie für kurze Zeit auch die englischen Glaubensflüchtlinge) von 1554 bis zum Verbot öffentlicher Gottesdienste 1561 ihre reformierten Gottesdienste in französischer, niederländischer (und englischer) Sprache. Die Weißfrauenkirche wurde im 2. Weltkrieg zerstört. [Kapitel 6.2]

❸ **Ehemaliger Standort der Deutsch-reformierten Kirche**
Kornmarkt Westseite, im Kreuzungsbereich mit der Berliner Straße, die erst nach dem 2. Weltkrieg durch die Stadt gebrochen wurde – Hier konnte die Niederländisch-reformierte (später „Deutsch-reformierte") Gemeinde ab 1787 endlich eigene Gottesdienste halten. Das Gotteshaus durfte jedoch äußerlich nicht wie eine Kirche aussehen. [Kapitel 6.2.1]

❹ **Ehemaliger Standort der Französisch-reformierten Kirche**
Goetheplatz Westseite, etwa bei Haus Nr. 7 – Hier stand von 1787 bis zur Zerstörung im 2. Weltkrieg das Gotteshaus der Französisch-reformierten Gemeinde. Das Gotteshaus durfte äußerlich nicht wie eine Kirche aussehen. [Kapitel 6.2.1]

❺ **Peterskirchhof**
Stephanstraße, rund um die Kirche Sankt Peter, ältester christlicher Friedhof der Stadt – Eine Reihe von Grabstätten niederländischer Einwandererfamilien findet sich bis heute auf dem Peterskirchhof. [Kapitel 6]

7 Niederländische Glaubensflüchtlinge – Geld, Macht und Neid

7.1 Reichtum und Identität – Integrationsschwierigkeiten

Die ersten reformierten Flüchtlinge waren überwiegend einfache Leute. Mehr und mehr folgten auch reiche Händler und Geschäftsmänner. Sie waren den Frankfurter Kollegen an Kenntnis des Weltmarktes sowie in Fertigungstechniken und -prozessen überlegen. Antwerpen war damals ein Welthafen ersten Ranges und zu Beginn der Auseinandersetzungen in den spanischen Niederlanden um ein Vielfaches größer als Frankfurt. Die niederländischen Händler praktizierten völlig andere Arbeitsabläufe als die Frankfurter Zünfte. Während am Main ein Handwerker noch ein Produkt vom Rohstoff bis zur fertigen Ware alleine oder mit Gehilfen nach den strengen Vorschriften der Zünfte herstellte, kannten die Händler von der Schelde schon das „Verlagssystem":

Ein Kaufmann betätigte sich als „Verleger" für einen Fertigungsprozess. Er besorgte die für unterschiedliche Arbeitsschritte nötigen Materialien und Fachkräfte und wies diesen die entsprechende Arbeit gegen Akkordlohn zu. Das fertige Produkt lagerte er und brachte es dann selbst in den Handel. Damit wurde – anders als im Zunftsystem – nicht ein Handwerker für das einzeln bei ihm bestellte und von ihm komplett fertiggestellte Produkt bezahlt, sondern die Fachkräfte für ihre Arbeitskraft bzw. -zeit. Da die Flüchtlinge neben neuen Produktionsweisen auch völlig neue Produkte in Frankfurt einführten, bewegten sie sich frei außerhalb der Zunftzwänge. Die „Verleger" erwarben schnell großen Reichtum und zählten zu den reichsten Männern der Stadt, mache sogar zu den reichsten Deutschlands. Die neuen freien Unternehmer riefen eine ganze Reihe von Handels- und Industriezweigen in Frankfurt neu ins Leben, besonders in der hochwertigen Textilbranche, Juwelen- und Edelmetallindustrie, Spezerei- und Materialwarenhandel sowie im Bank- und Börsengeschäft.

Römerhalle zu Frankfurt am Main, Philipp Uffenbach (zugeschrieben),1607, Goldrahmen, Öl auf Linde.

historisches museum frankfurt
B0540, Foto: Horst Ziegenfusz

Handel und Künste blühten

Ohne die Niederländer hätte es in Frankfurt keine Börse gegeben – und ein Jahrhundert reicher Kunstgeschichte ebenso wenig. In Antwerpen war schon in der ersten Hälfte des 16. Jahrhunderts eine feste Börse gegründet worden. In Frankfurt beteiligten sich die Niederländer an der Gründung der Börse im Jahr 1585. Unter den 82 Gründungsmitgliedern – Großkaufleute aus ganz Deutschland – waren dreizehn Frankfurter. Von diesen dreizehn waren zwölf eingewanderte Niederländer gewesen.

Der erste geregelte Börsenbetrieb wurde zu Messezeiten auf dem Römerberg und bei schlechtem Wetter in den heute noch erhaltenen Römerhallen unter dem Kaisersaal abgehalten. In der zweiten Messewoche verrechneten die Kaufleute untereinander ihre gegenseitigen Forderungen. Dabei wollten sie sich nicht auf die kaiserlichen bzw. städtischen Festsetzungen der Wechselkurse unterschiedlicher Währungen verlassen, die z. T. nicht dem Realwert

Römerhalle heute, einer der wenigen original erhaltenen Teile des Römers; links das barocke Portal zur Kaisertreppe, über die die Potentaten zum Kaisersaal geführt wurden.

Foto: Holger Wilhelm

entsprachen. Im September 1585 hatten es die Händler erstmals erreicht, dass die Stadt ihrer Übereinkunft über den Wert der Münzen und über die Verrechnung gegenseitiger Forderungen obrigkeitlichen Schutz gewährte[1]. Damit war das Ergebnis der börsenmäßigen Zusammenkünfte erstmal „amtlich" geworden - die Börse war ins Leben gerufen.

Frankfurt entwickelte sich durch die niederländischen Flüchtlinge zu einem Zentrum der Produktion und des Handels in Deutschland. Dem konnten auch die Abwanderungsbewegungen nach Frankenthal und Hanau keinen Abbruch tun. Ein Sprichwort von damals bringt die neuen Verhältnisse auf den Punkt: Die Katholiken haben die Kirchen, die Reformierten haben das Geld, die Lutheraner die Macht.

---

1 Schembs, Messe, S. 52, s. Literaturverzeichnis.

Ansicht der Stadt Frankfurt in einer blumengeschmückten Kartusche, Jacob Marrel, 1651, Öl auf Kirschbaumholz. *historisches museum frankfurt* B0002, Foto: Horst Ziegenfusz

Auch in Kunst und Kultur erwies sich die Einwanderungswelle als sehr segensreich für Frankfurt. Zeitweilig war Frankfurt durch die niederländischen Einwanderer europäisches Zentrum der Malerei, besonders der Landschaftsmalerei, aber auch des Kunst- und Buchdrucks sowie des Kunsthandwerks. Fast ein ganzes Jahrhundert Frankfurter Kunstgeschichte wurde von den eingewanderten Niederländern geprägt.

Ein Beispiel von vielen ist der Maler Jacob Marrel. Er wurde als Kind niederländischer Exilanten im pfälzischen Frankenthal[2] geboren und kam mit dreizehn Jahren nach Frankfurt in eine Malerwerkstatt. Er unterhielt Kontakte zu Malern in Utrecht, blieb Frankfurt aber Zeit Lebens durch die Ehe mit der Witwe von Matthäus Merian d. Ä. verbunden. In diesem Buch wird Marrels Stillleben aus dem Jahr des Eheschlusses von 1651 wiedergegeben. Das Bild zeigt eine blumengeschmückte Kartusche mit Stadtansicht Frankfurts und entstand kurz nach dem Ende des Dreißigjährigen Krieges. Es wird als Ausdruck der Hoffnung auf wieder aufkeimenden Wohlstand gedeutet und markiert zeitlich das Ende der von den Niederländern besonders beeinflussten Kunstepoche in Frankfurt. Dieses Bild zierte vor dem Krieg passenderweise die „gute Stube" der Goldenen Waage[3], war diese doch ebenfalls ein nur wenige Jahrzehnte älterer Bau niederländischer Einwanderer.

Eine weitere niederländische Malerkarriere, die auch mit Frankfurt verbunden ist, ist die des Lucas d. Ä. van Valckenborch. Der renommierte flämische Maler stand bei manchen großen Potentaten im Dienst und verbrachte seinen Lebensabend in Frankfurt bei seinem schon länger hier lebenden Bruder. Er wurde 1597 auf dem Peterskirchhof begraben. Ein Gemälde von ihm aus den Beständen des Städels eröffnet das Kapitel 6 über die niederländischen Glaubensflüchtlinge.

Um 1600 hatte sich Frankfurt zu einer Drehscheibe für den Handel insbesondere mit Luxusgütern sowie zum Mittelpunkt des deutschen Geld- und Anleihenmarktes entwickelt. Fast jeder deutsche Großhändler oder geldhungrige Fürst machte in Frankfurt Geschäfte. Insofern hatte die Stadt immens von der Einwanderungswelle profitiert – eine Wirkung, die bis heute anhält.

Auf der anderen Seite boten die niederländischen Reformierten über viele Jahrzehnte eine Angriffsfläche – gerade wegen

---

2 Kapitel 6.2.1.
3 Kapitel 7.2.

ihrer besonderen Erfolge. Trotz Entzuges religiöser Rechte und der Vorenthaltung politischer Beteiligungsmöglichkeiten hielten sie an ihrer konfessionellen und lange auch sprachlichen Identität fest. Da lag es nahe zu unterstellen, dass sie sich nicht integrieren wollten, sondern nur ihresgleichen suchten. Bei Wachdiensten an der Stadtmauer waren die „Neuen" nicht zu gebrauchen, weil sie kein Deutsch verstanden. Die Stadt löste die Pflicht zur Wachbeteiligung durch einen Geldbetrag ab, was aber die Integration nicht förderte.

Wohnungen wurden knapp und teuer

In der traditionellen Handwerkerschaft der Stadt trug der Neid auf die großen wirtschaftlichen Erfolge der Niederländer das Seine dazu bei, dass die Stimmung bald kippte. In einem Ratschlagungsprotokoll vom 12.08.1578 ist voll Furcht zu lesen, dass *„die frembden Welschen, Niderlender und Frantzosen, sich alle tag alhie sehr heuffig einschleichen und schier zu besorgen, daß irer mehr dann der Teutschen Burger alhie seien"*[4.] Sehr schnell mehrten sich Vorwürfe aus den Zünften, die Flüchtlinge würden Preise verteuern und Zunftregeln unterlaufen. Beides stimmte faktisch. Hatten die Flüchtlinge zunächst leer stehende Häuser wieder belegt, so führte der wachsende Zustrom schließlich zu einer Verknappung auf dem Wohnungsmarkt und damit zu steigenden Preisen. In einem Ratschlagungsprotokoll von 1624 heißt es, *„daß die Niderländer alle vornembste gelegenheitt an Heussern und Gutern dermassen an sich ziehen, daß bald kein Teutscher Burger seine Kinder mehr unterzubringen weiß"*[5]. Zwischen 1560 und etwa 1620 entwickelte sich in Frankfurt ein regelrechter Bauboom durch Niederländer, der mit seiner Prachtentfaltung bis zum Untergang der Altstadt im 2. Weltkrieg im Stadtbild gut ablesbar war. Das blieb nicht ohne Neider, wie die Baugeschichte der Goldenen Waage[6] zeigt. Bevorzugte Wohnviertel der Niederländer waren Mainzer Gasse, Korn- und Roßmarkt und der Hirschgraben.

---

4 Bürger, Fremde, Minderheiten, S. 110, s. Literaturverzeichnis.
5 Ratschlagungsprotokolle, Bd. 10, 31.8.1624, s. Literaturverzeichnis: Frankfurt Stadt der Einwanderer
6 Kapitel 7.2.

Wohlstand hat seinen Preis

Die Einwanderer kurbelten die Wirtschaft an, drehten aber auch an der Preisschraube. Durch die Belebung von Handel und Konsum dürfte die große Zahl der Flüchtlinge auch grundsätzliche Preissteigerungen ausgelöst haben. Und natürlich waren die im Verlagssystem erstellten Produkte konkurrenzfähiger als jene aus den traditionellen, zünftisch betriebenen Werkstätten. Allerdings hatten nicht nur Niederländer und Juden Anteil am massiven Bevölkerungswachstum und damit einhergehenden Preissteigerungen: Frankfurts Bevölkerung war zwischen 1550 und 1620 insgesamt um etwa 70 Prozent gewachsen. Neben ca. 3.000 neuen niederländischen und ca. 3.000 überwiegend schon wohnhaften Juden kamen auch ca. 5.000 christliche Einwanderer aus deutschen Landen dazu, also die zahlenmäßig stärkste Gruppe. Gegen sie wetterte niemand.

Die Steuerzahlungen der bald zu Reichtum gekommenen niederländischen Händler füllten die Stadtkasse zusehends. Dies war natürlich im Sinne des Rates, weshalb sich auf der Ebene der wirtschaftlichen Vorwürfe seitens des Rates nicht viel bewegte. Allerdings ging der Rat in späteren Jahren mit der Verleihung des Bürgerrechts erheblich rigider um als am Anfang. Dies galt insbesondere ab 1585, als infolge der Einnahme Antwerpens durch die Truppen der katholischen Habsburger eine große Zahl von Flüchtlingen in Frankfurt ankam. Die Politik des Rates musste sowohl den Schutzrechten der alteingesessenen Bürger und Zünfte, insbesondere dem Nahrungsschutz[7], Rechnung tragen als auch der reichsrechtlichen Nichtanerkennung des „Calvinismus"[8]. Der Rat durfte es sich mit den reichen Reformierten genauso wenig verscherzen wie mit dem katholischen Kaiserhaus und den lutherischen Patriziern der Stadt. Im Fettmilch-Aufstand[9] von 1612 bis 1616 entlud sich diese hochexplosive Lage. Zum Sündenbock wurde dabei allerdings eine andere Gruppe gemacht: Wie leider so oft, waren es die Juden - die schwächsten im damaligen System.

---

7 Kapitel 3.1.
8 Kapitel 6.1.
9 Kapitel 9.

Für viele war das Maß voll

Unter dem Eindruck des Dreißigjährigen Krieges ab 1618 schließlich erließ der Rat 1624 ein komplettes Zuwanderungsverbot für „Calvinisten"[10]. Ihnen wurde auch die Möglichkeit entzogen, durch Einheirat ein Bürger- oder Beisassenrecht[11] in der Stadt zu erhalten. Als Argumente diente eine ganze Litanei an vorurteilsbeladenen wirtschaftlichen Vorwürfen. Konflikt verstärkend wirkte, dass sich Kurmainz und Kursachsen über die vermeintliche Bevorzugung der „Calvinisten" vor den Katholiken beschwert und eine Reduzierung der reformierten Bevölkerung in Frankfurt angemahnt hatten. Ihre Existenz in Frankfurt sei durch den (Augsburgischen) Religionsfrieden nicht gedeckt[12]. Letztlich wurde auch in der Stadtregierung kein Hehl daraus gemacht, dass man Angst vor Überfremdung durch die Reformierten in der Stadt hatte: *„7. dahero Sie je lenger je mehr sich dermassen (wann denn nicht gesteuret) heuffen würden, daß sie ausser aller Zweiffel in wenig Jahren mit Ihrem Reichthumb, an sich Ziehung der samptlichen Commercien, Ubertheurung der Haußzinß und aller Victualien die Teutsche nit allein gar untertrucken, sondern auch vorab bey derer je lenger je mehr zunemenden Theurung viel von neuen Burger Kinder Ihre Gelegenheitten und Unterhaltung anderstwo zu suchen nottringlich Anlaß geben, und ... die Gäst den wirth vertreiben würden. 8. Uber dieß alle politici und weltweissen hierin einig sindt, daß keiner Statt nützlich seye, wann sie sich mit frembden Nationen*

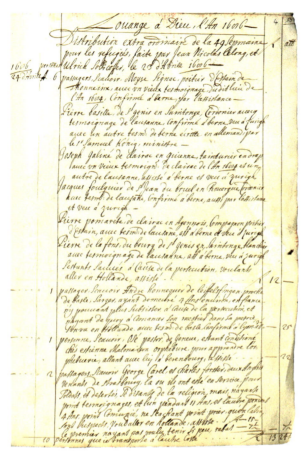

Frankfurter Unterstützungsliste für französische Glaubensflüchtlinge, Frankfurt am Main 1686, Handschrift; die abgebildete Seite 4 zeigt die erste ausführlichere Beschreibung unterstützter Flüchtlinge aus Frankreich vom 24. April 1686.

Evangelische Französisch-reformierte Gemeinde Frankfurt am Main/Institut für Stadtgeschichte, Französisch-Reformierte Gemeinde Nr. 78

---

10 Nochmals sei hier darauf hingewiesen, dass der Begriff „Calvinismus" eher eine Bezeichnung seiner Gegner war. Die betroffenen Gemeinden hätten sich stets als „Reformierte" bezeichnet. Vgl. Kapitel 6.1.
11 Kapitel 3.1.
12 Kapitel 6.1.

uberheuffe, sondern viel mehr darfür halten, die frembde Nationen unter einer Statt nit mehr, als ein Hewschreck der Saat ... seyen."[13]

Es ist die Frage, wie konsequent das Zuzugsverbot von 1624 gehandhabt wurde. Als infolge der Aufhebung des Ediktes von Nantes im Jahr 1685 eine Welle französischer Hugenotten, also neuer reformierter Glaubensflüchtlinge, Deutschland erreichte, diskutierte die Stadt über weitere Aufnahmen. In einem juristischen Gutachten wurden dem Rat Bedingungen empfohlen. Sie sprachen Bände über die auch bisher praktizierten Kriterien: Die Aufzunehmenden durften nicht (zu) viele sein, sie sollten gut ausgebildet sein und sich selbst versorgen können durch Vermögen, Handel oder das Betreiben von rentablen Betrieben – und sie durften keine Ausübung ihrer Religion erwarten. Auch dieses Gutachten war geprägt von Vorurteilen: Die „Calvinisten" wollten, das habe man in den letzten hundert Jahren ja gesehen, die Lutherischen letztlich überflügeln und die *„alte evangelische Bürgerschaft ausbeißen"*. Sie bevorzugten immer ihresgleichen und suchten alles an sich zu bringen[14].

Hunderttausende Hugenotten strömen durch Frankfurt

Frankfurt war damals schon lange ein europäischer Verkehrsknotenpunkt und wurde so zur *„Drehscheibe des Refuge"*[15]. Auch wenn nur wenige französische Flüchtlinge langfristig bleiben durften, so mussten kurzzeitig für Tausende von ihnen Unterkünfte geschaffen werden. Die Stadt reaktivierte dafür u. a. verschiedene leer stehende öffentliche Gebäude. Die Französisch-reformierte Gemeinde notierte in ihrem Unterstützungsbuch zwischen 1685 und 1705 allein 100.000 Glaubensflüchtlinge, für die sie 150.000 Gulden aufgewendet hatte. Damit trug die Gemeinde die Hauptlast in der Versorgung der durchziehenden Hugenotten.

In Frankfurt trafen die Flüchtlinge auf Agenten der aufnahmewilligen Staaten, allen voran Brandenburg, die niederländischen Generalstaaten und Hessen-Kassel. In der Stadt selbst fanden nur einzelne von ihnen Asyl. Eine der wenigen Familien mit Erfolgs-

---

13 Ratschlagungsprotokolle, Bd. 10, 31.8.1624, s. Literaturverzeichnis: Frankfurt Stadt der Einwanderer.
14 Inquisitionsamt 17, Gutachten des Syndicus D. Glock zur Aufnahme der Hugenotten, 23.10.1685, s. Literaturverzeichnis: Frankfurt Stadt der Einwanderer.
15 Refuge ist ein französischer Begriff für Asyl, Zuflucht; s. Bürger, Fremde, Minderheiten, S. 144, s. Literaturverzeichnis

geschichte am Main ist die ehemalige Kaufmanns- und Bürgermeisterfamilie Gontard aus Grenoble.

Erst mit der Aufklärung und der napoleonischen Zeit flaute die Rivalität zwischen Lutheranern und Reformierten ab und die Reformierten wurden voll in die Stadtgesellschaft integriert. Der Wille zur gleichwertigen Anerkennung der anderen Konfession ging aber, wie so oft, nicht vom Rat aus, sondern wurde von außen politisch erzwungen. So verordnete der aufgeklärte letzte Mainzer Erzbischof und Fürstprimas Karl Theodor von Dalberg der Stadt die Gleichstellung der eingebürgerten Reformierten und Katholiken mit den Lutheranern. Das war 1806, als Frankfurt qua Rheinbundvertrag nach der Abdankung des letzten deutschen Kaisers in der napoleonischen Zeit zu Dalbergs Fürstentum gehörte.

7.2 Haus Zur Goldenen Waage – Niederländisches Prunkstück mit Neidfaktor

Ein Paradebeispiel für den durch Zuzug niederländischer Flüchtlinge ausgelösten Bauboom ist das Haus Zur Goldenen Waage am Markt, nahe dem Dom. Stadthistoriker Björn Wissenbach schreibt über das Haus in einem Exposé für die DomRömer GmbH:[16]

Das 1619 erbaute Fachwerkhaus wurde von einem holländischen Zuckerbäcker erbaut und erzürnte seinerzeit wegen seines Prunks so manchen Zeitgenossen. [...] Bis zu ihrer Zerstörung 1944 war die Goldene Waage neben dem Römer eines der meistfotografierten Altstadthäuser und eines der beliebtesten Postkartenmotive. [...]

„Mitleid bekommt man geschenkt, Neid muss man sich hart erarbeiten." Das war wohl auch das Leitmotiv des erfolgreichen niederländischen Zuckerbäckers Abraham van Hamel, als er sich 1605 entschloss, das exponierte Eckgrundstück am Dom, Ecke Markt zu kaufen, um darauf das prunk-

Goldene Waage in einer Simulation der DomRömer GmbH, derzeit im Wiederaufbau, Computergrafik.
DomRömer GmbH/HHVISION

---

16 Abdruck mit freundlicher Genehmigung (DomRömer GmbH/Björn Wissenbach).

volle Gebäude Goldene Waage zu errichten. Sein Vorhaben war von heftigen Widerständen des Rates und missgünstiger Nachbarn begleitet. Die öffentliche Zurschaustellung von Reichtum war in Frankfurt nämlich verpönt. Van Hamel jedoch war ein streitbarer Mann, der seine Ziele meist mit großem Nachdruck verfolgte, ohne sich weiter darum zu scheren, was die Nachbarn denken. Wurde ihm eine Genehmigung versagt, zog er vor Gericht und klagte, ganz zum Missfallen der alteingesessenen Frankfurter Bürgerschaft.

1618 reichte van Hamel erstmalig einen Bauantrag ein, einen vierstöckigen Neubau errichten zu dürfen, denn schon damals musste man sich an strenge Bauvorschriften halten. Obwohl Hamel versprach, die Bauvorschriften einzuhalten und auf die damals schon teilweise verbotenen Auskragungen zu verzichten, hielt er sich nicht daran und nutzte den Raum maximal aus. Interessant ist, dass schon seinerzeit die enge Bebauung der Altstadt ein großes Thema war und hier gewisse Regeln nicht übertreten werden durften. Und so kam es, dass die Nachbarn, allesamt alteingesessene Frankfurter Patrizierfamilien, Widerspruch einlegten, da der hohe Bau ihrer Meinung nach der seitlichen Gasse Licht und Luft genommen sowie die Feuergefahr erhöht hätte. Möglicherweise aber gönnten sie ganz einfach dem Zuwanderer den Bau nicht. In der Niederschrift heißt es, „von Rechts- und Billigkeitswegen dürfe man einen Niederländer, der ohnehin zu lauter Vorteil geboren sei, nicht vor anderen einheimischen alten Bürgerskindern bevorzugen."

Anfang Juli 1618 wurden Erdgeschoss und Fachwerkskelett der Goldenen Waage fertiggestellt. Doch sogleich richteten sich weitere Anzeigen aus der

Goldene Waage, Belvederchen auf dem Dach, Autor und Jahr unbekannt, Fotografie.

Institut für Stadtgeschichte
S7A1998/7121

Goldene Waage, große Stube mit Stuckdecke, unbekannt, ca. 1935, Fotografie.

Institut für Stadtgeschichte
S7A/7084

Ausstellungsplakat „Aus Alt-Frankfurter Bürgerhäusern: Ausstellung 1928 vom 10. Juni bis 30. September im Römer, im Haus zur Goldenen Waage und im Historischen Museum Frankfurt" von 1928, Druck, Carl Ruppert; das Plakat zeigt die Goldene Waage als Vorzeigebeispiel altfrankfurter Wohnkultur, wo sie doch ursprünglich ein „verhasstes" Einwandererhaus war.

Institut für Stadtgeschichte
S9-1/1.457

Nachbarschaft gegen den markanten Eckbau. Eine Baubegehung durch die Schöffen ergab, dass das Erdgeschoss fast 30 cm zu hoch geraten war, was beinahe zu einem Rückbau des Gebäudes von Amts wegen geführt hatte. Doch van Hamel löste das Problem mit Zahlung einer entsprechenden Strafe an die Stadt.

Besonders originell ist der einmalige Dachgarten mit herrlichem Blick über die Altstadt. Das „Belvederche" genannte Kleinod war praktisch der Vorläufer heutiger Penthäuser.

In den folgenden Jahrhunderten wechselte der Prachtbau die Besitzer mit teils recht prominenten Namen: Wilhelm Sonnemann, die Familie Barckhausen und die Familie von Lahr seien hier genannt, bis 1898 schließlich die Stadt Eigentümer wurde. Daher fungierte die Goldene Waage ab 1913 auch als Historisches Museum, um den Besuchern das typisch eingerichtete Bürgerhaus des frühen 18. Jahrhunderts vorzuführen. […]

Das ehedem verpönte Gebäude ist zum Ort der Identifikation geworden

Das Haus Zur Goldenen Waage wird derzeit im Auftrag der Stadt durch den Architekten Jochem Jourdan unter Verwendung von erhaltenen Originalteilen rekonstruiert. Auch viele Innenräume sollen detailgetreu wiederhergestellt werden. Zur Recherche über Vorlagen für Tapeten usw. ist Jochem Jourdan auch nach Antwerpen gereist, weil die kunstgeschichtlichen Bezüge der Erbauungszeit zwischen Frankfurt und Antwerpen entsprechend eng sind.

Bernusbau des Saalhofes heute, links der Rententurm.

Foto: Holger Wilhelm

Die Goldene Waage soll wieder als Dependance des Historischen Museums begehbar werden. Wie schon in der Zeit nach 1913 wird sie auch heute vor allem als typisches Beispiel Frankfurter Baukunst und bürgerlichen Lebens gesehen. Dabei war das Gebäude doch einstmals für viele ein Beispiel für die Prunksucht der niederländischen Einwanderer. Die Goldene Waage steht damit auch für die Geschichte einer veränderten Wahrnehmung: Was einst als fremdartig galt, ist heute mit Stolz betrachteter Teil der eigenen Geschichte.

7.3 Bernusbau im Saalhof – Ein weiteres Beispiel niederländischer Prunksucht?

Apropos Historisches Museum: Die historische Mainfront desselben setzt sich zusammen aus dem alten Rententurm der mittelalterlichen Stadtbefestigung sowie dem Bernus- und dem Burnitzbau. Der mittlere Teil wurde ab 1715 von den reichen Tuchhändlern Heinrich und Johannes Bernus erbaut und war damals sicher das mit Abstand prächtigste Gebäude am Mainkai[17]. Die Vorfahren dieser Gebrüder Bernus waren aller Wahrscheinlichkeit nach reformierte Glaubensflüchtlinge aus Italien, die im 17. Jahrhundert über die Niederlande kommend in das reformierte Hanau[18] gezogen waren. Heinrich und Johannes Bernus siedelten 1682 von Hanau in das lutherische Frankfurt über. 1696 hatten sie das Bürgerrecht erworben und den Saalhof[19] gekauft, der zu dieser Zeit stark verfallen war. Die Bernus-Brüder wollten ihn neu aufbauen.

Sie beantragten daher 1705 die Baugenehmigung für den stolzen Neubau. Die Stadt weigerte sich lange. Man sah einen gefährlichen Präzedenzfall, wenn jemand an der noch bestehenden Stadtmauer ein normales Wohnhaus mit so großen Fensteröffnungen im Erdgeschoss baute. Kleinere Fensterdurchbrüche in der Stadtmauer am Mainkai gab es andernorts längst, aber meist höher gelegen. Die Bernus-Brüder argumentierten, dass das geplante Gebäude doch sicherlich einen ganz hervorragenden Anblick bieten würde. Vielleicht war das abseits der offiziellen Argumente genau das Problem: Wollten hier wieder mal Reformierte ihren Reichtum zur Schau stellen? Vielleicht wollte der Rat aber auch nur bei reichen Kaufleuten viel Geld für Sondergenehmigungen einziehen? Jedenfalls wurde zehn Jahre lang um die Baugenehmigung prozessiert. Die Gebrüder Bernus durften schließlich bauen, mussten aber vom Rententurm in der Baufulcht Abstand halten und die Erdgeschossfenster vergittern. So ist es heute noch.

Vom Bernusbau blieben nach dem 2. Weltkrieg nur die Außenmauern. Seit dem Wiederaufbau gehört er zum neuen Standort des Historischen Museums.

---

17 Damals war die helle klassizistische Mainfront der Stadt noch Zukunft. Sie entstand erst ab Ende des 18. Jahrhunderts durch Stadtbaumeister Hess. Zuvor setzte sich die Mainfront aus meist unscheinbaren mittelalterlichen Bauten zusammen, die auf die im unteren Bereich fensterlose Stadtmauer aufgesetzt waren.
18 Kapitel 6.2.1.
19 Der Name „Saalhof" beruht auf der ehemaligen Bezeichnung der Königsburg als „des Reiches Saal". Königlicher Hof war er schon viele Jahrhunderte nicht mehr, aber von der alten staufischen Bausubstanz war noch vieles da. Vgl. Kapitel 2.3.

Orte des Geschehens

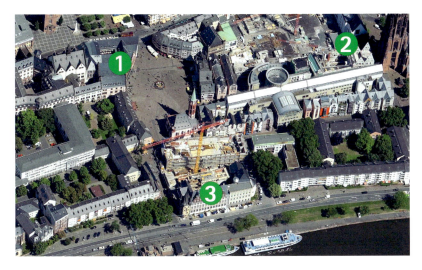

Darstellungsgrundlage:
Schrägluftbilder 2014, Ausschnitt;
Geobasisdaten:
© Stadtvermessungsamt
Frankfurt am Main;
© Hessische Verwaltung für
Bodenmanagement und
Geoinformation;
Lizenznummer 623-3215-D

❶ Römer, Römerhalle
Römer, Römerberg, ehemalige Messe-Verkaufshalle für Goldschmiede; zählt zum Kernbestand des Römers als Rathaus ab 1405; heute zugänglich z. B. beim Künstlermarkt während des Weihnachtsmarktes – Der Römerberg bzw. bei Regen die Römerhalle war 1585 erster historischer Börsenort in Frankfurt; von den dreizehn beteiligten Frankfurter Händlern waren zwölf Flüchtlinge aus den Niederlanden. [Kapitel 7.1]

❷ Haus Zur Goldenen Waage
Markt 5, erbaut 1619 von einem reichen Niederländer; Ende des 19. Jh. von der Stadt zwecks Erhaltung gekauft und als Dependance des Historischen Museums eingerichtet; nach Kriegszerstörung Wiederaufbau und Rekonstruktion einiger reich verzierter Innenräume (Fertigstellung voraussichtlich 2018) – An diesem Gebäude machte sich anfangs der Neid der Einheimischen auf die reichen Zuwanderer fest – genauso wie später die Identifikation der Frankfurter mit „ihrer Altstadt" – bis hin zum Wiederaufbau in unseren Tagen. [Kapitel 7.2]

❸ Bernusbau
Saalhof, Mainkai, alte Königsburg aus der Stauferzeit, direkt am Mainufer erbaut; später in privater Hand zahlreiche Um- und Neubauten; heute Nutzung durch das Historische Museum Frankfurt; der Bernusbau ist der mittlere Teil des Saalhofes zwischen Rententurm und Burnitzbau; barocker Prachtbau vermutlich reformierter Einwanderer von 1715 – Hier gab es ebenso wie bei der Goldenen Waage intensive Auseinandersetzungen mit der Stadt um die Prachtentfaltung bei der Bauausführung. [Kapitel 7.3]

8 Haus Zum Engel am Römerberg – Geschichten von protestantischem Stolz und Kunst von Zuwanderern

Haus Zum Engel, vom Markt zum Römerberg hin gesehen (linkes Eckhaus); die linke Hälfte der Giebelseite zählt zum Kleinen Engel, die rechte Hälfte mit der Front zum Römerberg ist der Große Engel.

Foto: Holger Wilhelm

Im Jahr 1562 fand in Frankfurt erstmals eine Kaiserkrönung statt. Just zu diesem Zeitpunkt befand sich an der prominentesten und teuersten Ecke der Stadt eine Baustelle. Sie lag direkt am Krönungsweg, dem feierlichen Prozessionsweg des frisch gekürten Kaisers vom Dom zum Römer. Ob das Gebäude bis zu der besonderen Festlichkeit im November fertiggestellt war, ist nicht belegt. Es handelte sich um das kleine Grundstück an der Einmündung des Marktes[1] auf den Römerberg. Darauf wurde das Doppelhaus Zum Großen und Zum Kleinen Engel neu errichtet.

Interessant wird das Haus für dieses Buch durch Bezüge zu einem „Einwanderer aus deutschen Landen"[2], zu Konflikten in der Reformationszeit sowie zu den niederländischen Flüchtlingen[3]. Dazu kommt die Erbauungszeit im Jahr der osmanischen Delegation[4] und der Krönung Maximilians II.[5]

Bauherrin für den Neubau im Jahr 1562 war die Witwe Anna Steinmetz, die das Doppelhaus für ihre beiden Schwiegersöhne Siegfried Deublinger und Hilarius Harpf errichtete. Annas Töchter hatten die Anteile am Vorgängerbau im Kleinkindal-

---

1 Die Straße „Markt" führte vom Römerberg am Steinernen Haus und dem Hühnermarkt vorbei zum Dom und stellte so die direkte Verbindung zwischen Dom und Römer dar. Durch die Neuordnung des Dom-Römer-Areals nach dem 2. Weltkrieg war die Straße als solche kaum noch wahrnehmbar, behielt aber ihren Namen. Im Rahmen des Dom-Römer-Projektes wird der Markt bis 2018 als Straßenzug wiederhergestellt.
2 Vgl. Kapitel 10.1.
3 Kapitel 6.
4 Kapitel 5.1.
5 Kapitel 5.2.

ter von ihrem Vater geerbt. Er war Spitalmeister und 1540 an der Pest gestorben. Später brachten sie die Anteile als Mitgift in ihre Ehen ein. Siegfried Deublinger entstammte einer reichen Tuchhändlerfamilie, die aus Ulm nach Frankfurt zugewandert war[6]. Seine Haushälfte war die vordere, dem Römer zugewandte Seite (Großer Engel). Hilarius Harpf, der zweite Schwiegersohn, war Ratsschreiber und Rechenmeister aus dem mittleren Bürgertum. Sein nicht so reich verzierter hinterer Hausteil zeigt den Unterschied im Status an (Kleiner Engel).

Beide Schwiegersöhne verhandelten vor Baubeginn Anfang 1562 noch mit dem Nachbarn am Samstagsberg, Christian Egenolff. Dieser war der Sohn des berühmten Frankfurter Schriftgießers und Druckers gleichen Namens. Der Nachbarschaftsstreit ging um Fensterrechte: Der geplante Erker am Großen Engel behindere seine Sicht, so Egenolff. Wie so oft in Frankfurt ließ sich mit Geld alles regeln: Man einigte sich auf den Erker – und darauf, dass Egenolff auf Kosten der Bauherren steinerne Eingangstüren gesetzt bekam.

Der Große Engel erstrahlte nach der aufwändigen Rekonstruktion 1983/84 wieder in der Pracht seiner Erbauungszeit. Das reiche Schnitzwerk weist in Qualität und Art der Ausführung auf die Stadt Ulm hin, die Heimat der Familie Deublinger. Es wäre kein Einzelfall, dass besonders prächtige künstlerische Gestaltungen an Gebäuden in Frankfurt auf Einfluss von außerhalb zurückgingen. Die im vorigen Kapitel beschriebene Goldene Waage[7] ist das prominenteste Beispiel dafür. Ihr Vorgängerbau gehörte ehemals auch der Witwe Steinmetz und wurde zur Finanzierung des Neubaus am Römerberg veräußert. So standen die prächtigsten Privathäuser Frankfurts des 16. und 17. Jahrhunderts am Eingang und Ausgang des Marktes zwischen Dom und Römer, der zugleich Prozessionsweg der Kaiserkrönungen war[8]. Zählt man noch das Salzhaus[9] schräg gegenüber am Römerberg dazu, so hat man die drei aufwändigsten Wohngebäude dieser Zeit komplett. Diese Häuser waren alle von Menschen (mit)geprägt worden, die ursprünglich nicht aus Frankfurt kamen.

---

6   Zu „Einwandererkarrieren aus deutschen Landen" vgl. Kapitel 10.1.
7   Kapitel 7.2.
8   Kapitel 5.2.
9   Kapitel 9.1.

Niederländische Architektursprache gibt Rätsel auf

Das sicherlich prächtigste Schnitzwerk zeigt der Große Engel bei der Konsole unter dem Erker. Auffällig sind die Rustika-Quader in den architektonischen Darstellungen. Sie erinnern an holländische Festungsbauten. Möglich wäre es daher, dass bei den Schnitzarbeiten ein niederländischer Glaubensflüchtling[10] beteiligt war. Dies ist in der Forschung jedoch umstritten. Für einen solchen Auftrag musste ein Kunsthandwerker das Bürgerrecht[11] besitzen. Während dieser Status den Niederländern in späteren Jahren kaum noch gewährt wurde, hatten ihn die ersten Flüchtlinge in Frankfurt noch recht freizügig erhalten. Da die Bauzeit des Großen Engels in der frühen Phase der niederländischen Einwanderung lag, wäre eine Mitwirkung eines Kunsthandwerkers aus diesen Kreisen durchaus möglich.

Erkerkonsole des Großen Engels.
Foto: Holger Wilhelm

Ein Spruch am Balken stößt vor den Kopf

Interessant ist auch ein Spruchband am Rähmbalken des ersten Obergeschosses, das an der gesamten Fassade des Großen Engels (Markt und Römerbergseite) entlangläuft. Es handelt sich um ein lateinisches Zitat aus Sprüche 6, das möglicherweise die angeheiratete katholische Verwandtschaft der Witwe Steinmetz aufs Korn nimmt. Der biblische Spruch wendet sich gegen falschen Stolz, Lüge, Blutvergießen und Intrige. Anna Steinmetz hatte den Spitalmeister Niklas, genannt Steinmetz, geheiratet. Dieser war ehemals Dekan des Bartholomäusstiftes gewesen und im Zuge der Reformation protestantisch geworden. Das kostete ihn natürlich sein hohes katholisches Amt. Dass er alsbald 1536 auch noch heiratete, machte den Skandal komplett. Seine Verwandtschaft blieb katholisch und brachte auch in späteren Jahren noch einige hohe Würdenträger der Stadt hervor – man war also wer. Böse Zungen sahen im frühen

---

10 Kapitel 6 u. 7.
11 Kapitel 3.1.

Tod des Spitalmeisters im Jahr 1540 eine Strafe Gottes für seinen Abfall von der katholischen Kirche. Es wird daher in der Forschung durchaus erwogen, das Spruchband als Retourkutsche der resoluten protestantischen Witwe an ihre renommierte katholische Verwandtschaft zu verstehen. Und das an äußerst prominenter Stelle.

Das Doppelhaus Zum Großen und Zum Kleinen Engel war einer der prachtvollsten spätgotischen Bauten Frankfurts. Das architektonische Kleinod wurde 1905 von der Stadt gekauft, um es vor dem Verfall zu retten. Auf die gründliche Restaurierung und Freilegung vieler Schnitzereien folgte nach knapp vier Jahrzehnten die völlige Zerstörung im 2. Weltkrieg. Im Rahmen des Wiederaufbaus der Römerberg-Ostzeile wurde das Gebäude nicht im Vorkriegszustand (mit vielen verputzten bzw. verschieferten Wandflächen), sondern in der vermuteten ursprünglichen Form von 1562 rekonstruiert.

Das Haus Zum Großen Engel trug noch bis in das 19. Jahrhundert den Beinamen „Zum Wechsel" – ein Hinweis auf eine Wechselstube, die seit 1458 über Generationen in dem Gebäude betrieben wurde[12]. Eine solche Wechselstube

Großer Engel, Schauseite zum Römerberg: Schnitzverzierungen im ersten Fachwerkgeschoss und unten umlaufendes Spruchband.

Foto: Holger Wilhelm

---

[12] Nach Aussage von Peter S. Biberfield, der seit 1994 im rekonstruierten Großen Engel wieder eine Wechselstube betreibt, blieb dem Haus diese Nutzung vom Spätmittelalter bis ins 19. Jahrhundert erhalten.

war für den Messebetrieb enorm wichtig. Die Stadt hatte die Wechselkurse der geläufigen europäischen Währungen durch Aushänge festgesetzt. Nicht immer hielten sich die Händler daran. Mehr und mehr übernahm der Börsenbetrieb der Kaufleute, der 1585 amtlich bestätigt wurde[13], die Funktion der Ermittlung der Wechselkurse. Dies geschah vor allem in dem Interesse, sich bei der Begleichung gegenseitiger Forderungen am Realwert der Münzen orientieren zu können.

---

13 Kapitel 7.1.

Ort des Geschehens

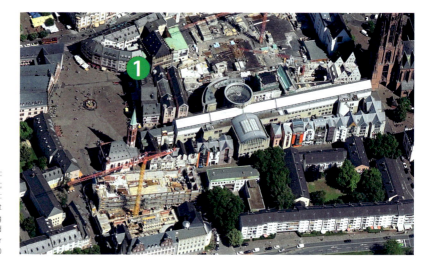

Darstellungsgrundlage: Schrägluftbilder 2014, Ausschnitt; Geobasisdaten: © Stadtvermessungsamt Frankfurt am Main; © Hessische Verwaltung für Bodenmanagement und Geoinformation; Lizenznummer 623-3215-D

❶ Haus Zum Großen und Kleinen Engel
Römerberg 28/Markt, spätgotisches Fachwerkhaus auf steinernem Sockel von 1562 mit reichem Schnitzwerk auf einem der prominentesten Bauplätze der alten Stadt; Doppelhaus der protestantischen Witwe Anna Steinmetz für ihre beiden Schwiegersöhne als nördlicher Kopfbau des „Samstagsbergs"; Wiederaufbau 1984 nach Kriegszerstörung – Das umlaufende Spruchband am Rähmbalken des ersten Fachwerkgeschosses könnte ein Seitenhieb auf die verfeindete katholische Verwandtschaft sein; im Schnitzwerk der Erkerkonsole möglicherweise Hinweise auf niederländische Handwerker. [Kapitel 8]

9 Der Fettmilch-Aufstand – Wo alles zusammenkommt

Salzhaus, Konsole an der Römerbergseite des steinernen Erdgeschosses mit Abbildung des Erbauers Christoph Andreas Köhler.

Der sogenannte „Fettmilch-Aufstand" trägt einen zunächst irreführenden Namen. Er war kein Kampf um besonders gehaltvolle Milchprodukte, sondern eine bürgerliche Revolutionsbewegung gegen die Herrschaft der Patrizierfamilien. Dabei spielten Konflikte rund um Fremde und Einwanderer eine große Rolle. Namensgeber des Aufstandes war der Bürger Vinzenz Fettmilch.

9.1 Ein Binger Weinhändler setzt auf das falsche Pferd

Salzhaus, Konsole an der Nordseite mit dem Konterfei eines Chinesen.
Fotos: Holger Wilhelm

Einer der letzten noch sichtbaren Anknüpfungspunkte an die Zeit des Fettmilch-Aufstandes ist das Salzhaus. Es ist heute Teil des Rathauskomplexes am Römerberg. Das Gebäude gehörte damals dem Weinhändler Christoph Andreas Köhler aus Bingen. Während des Aufstandes schloss Köhler sich den rebellierenden Zünften an und wurde 1613 jüngerer Bürgermeister. Als sich im Verlauf des Jahres 1614 das Ende des Aufstands abzeichnete, durch dessen Unterstützung Köhler fast sein gesamtes Vermögen verloren hatte, floh er aus der Stadt und entging so seiner Bestrafung. 1616 machte Köhler schließlich vollständig Bankrott und ging zurück in seine Heimatstadt Bingen, wo er zum katholischen Glauben übertrat und bis zu seinem Tod als Verwalter eines Klosters tätig war.

Das Salzhaus, Ansicht von Nordosten, unbekannt, ca. 1900, Fotografie; die Giebelfassade zum Römerberg war über die ganze Fläche mit kunstvollem Schnitzwerk verziert; an der Nordseite sind die reichen Fresken erkennbar; im Vordergrund Straßenbahnbauarbeiten in der kurz zuvor durch die Altstadt durchgebrochenen Braubachstraße.
Institut für Stadtgeschichte, S7A/6374

Schnitzfassade des Salzhauses (Ausschnitt), nach der Aufnahme der Städtischen Hochbauinspektion I, Ende des 19. Jahrhunderts; bis heute erhaltene Teile sind braun hinterlegt. Die am wiederaufgebauten Gebäude verwendeten Holztafeln stammen aus dem untersten Fachwerkgeschoss und sind hier nicht zu sehen.

Foto: wikimedia commons/gemeinfrei - Bearbeitung: Holger Wilhelm nach Dreysse/Wissenbach (Ausführliche Quellenangabe s. Bildnachweis)

Das prächtige Wohnhaus Köhlers war noch bis ins 19. Jahrhundert ein Privathaus, ganz ursprünglich von Salzhändlern, daher der Name „Salzhaus". 1595 hatte der Zuwanderer Köhler das Gebäude auf den Grundmauern von Vorgängerbauten vermutlich komplett neu errichtet. Köhler ließ den Bau im Renaissancestil als eines der prächtigsten Häuser nicht nur der Stadt, sondern ganz Deutschlands ausführen. Vergleichbar ist heute nur noch das Maison Kammerzell in Straßburg am Münsterplatz. Während die Fassade zum Römerberg überreich mit geschnitzten Holztafeln verziert war, wurde die Nebenseite verputzt und mit Fresken versehen. Im Krieg wurde das Gebäude bis auf das Erdgeschoss zerstört und in den 50er-Jahren in vereinfachter Weise wieder aufgebaut. Wilhelm Geißlers Mosaik „Phönix aus der Asche" auf der Seite zum Paulsplatz hat es wiederum zu einem anerkannten Denkmal gemacht. Von den Renaissance-Schnitzereien wurden fast alle Tafeln im Krieg abgenommen und eingelagert, sodass sie erhalten sind. Trotzdem kam es nicht zu einem Wiederaufbau des Hauses in alter Form. An der Fassade sind jedoch einige Tafeln aus dem ehemaligen ersten Obergeschoss eingebaut, die die vier Jahreszeiten sowie Allegorien auf die Fruchtbarkeit zeigen. Das Schnitzwerk war früher in den Frankfurter Farben Weiß, Rot und Gold bemalt. Die vorletzte Konsole des Sockelgeschosses in der Braubachstraße zeigt einen Chinesen – selbstbewusster Hinweis auf die weitreichenden Handelsbeziehungen des Erbauers und für unser Thema ja auch ein „Fremder". Konsolen der Schauseite zum Römerberg zeigen den Erbauer und seine Frau.

Ein vergleichbarer Bau, wenn auch nicht ganz so prächtig, war die Goldene Waage[1] von 1619 am Krönungsweg (Markt 5), die im Rahmen des Dom-Römer-Projektes bis 2018 rekonstruiert wird. Gestalterisch eng verwandt ist das erhaltene Erdgeschoss des Hauses Silberberg im Römerkomplex an der Limpurgergasse.

---

1 Kapitel 7.2.

Wieder eingebaute originale Holztafeln mit Fruchtbarkeitsallegorien am heutigen Salzhaus.

Foto: Holger Wilhelm

9.2 Soziale und wirtschaftliche Schieflagen mischen sich mit religiöser Ausgrenzung

Nun also zum Fettmilch-Aufstand selbst. Er ist ein hochgradig komplexes Geschehen, das sich über vier Jahre hinzog und Verknüpfungen mit politischen Vorgängen im ganzen Reich hatte. Im Vorfeld des Dreißigjährigen Krieges spielten die wachsenden Spannungen zwischen dem katholischen und dem protestantischen Lager im Reich eine große Rolle. In Frankfurt flossen zudem im Fettmilch-Aufstand die Konflikte rund um die Einwanderungswelle aus den spanischen Niederlanden[2] und um die Stellung der Jüdischen Gemeinde[3] mit ein. Während die Jüdische Gemeinde aufgrund der altbekannten Vorurteile als Sündenbock herhalten musste, war die Beteiligung der eingewanderten Reformierten vielschichtiger. Zum einen hatten die neuen Wirtschaftsmethoden der Niederländer zu wirtschaftlichen und sozialen Spannungen geführt. Zum anderen beklagten diese Einwanderer ihre sehr begrenzten politischen und religiösen Rechte in der Stadt.

Alle Facetten des Aufstandes lassen sich in diesem Buch nicht aufzeigen, und jede Darstellung des Fettmilch-Aufstandes setzt andere Schwerpunkte. Eine übersichtliche Zusammenfassung der Vorgänge findet sich auf der Internetseite des Museums Judengasse[4]. Die Darstellung hier beruht auf dieser Grundlage, ergänzt aber zahlreiche Details aus weiterer Literatur.

---

2 Kapitel 6 u. 7.1.
3 Kapitel 3.2.
4 Internetadresse: www.judengasse.de/dhtml/E005.htm.

Im Jahr 1612 kochten soziale Spannungen hoch

Nach der Kaiserwahl von Matthias im Mai 1612 schlugen die schon seit Langem in Frankfurt schwelenden sozialen Spannungen zwischen Patriziern und Zünften in offene Aufstände um. Vereinfachend sprechen wir bei den Kontrahenten des Aufstandes auf der einen Seite vom Rat (obwohl dem Rat auch einige Zunftmitglieder angehörten) und auf der anderen Seite von den Bürgern (obwohl die patrizischen Ratsherren auch Bürger waren)[5]. Die Verarmung von Teilen der Handwerkerschaft durch die neuen Wirtschaftsmethoden der reformierten Flüchtlinge[6] spielte dabei genauso eine Rolle wie ein allgemeiner Geldwertverfall durch die spanischen Goldimporte aus Amerika. Die meisten Bürger waren Handwerker, die in Zünften organisiert waren. Sie hatten zwar Sitze im Rat, aber keine wirkliche politische Beteiligung, da sie immer durch die Stimmen der Patrizier überstimmt werden konnten. Während bei den Handwerkern eine Verarmung spürbar war, sah man Teile des Patriziats und der Händler immer reicher werden. Das Misstrauen gegenüber dem Rat stieg.

In das Prozedere einer Kaiserwahl gehörte üblicherweise die Bestätigung der Privilegien, die der Kaiser der Stadt gewährt hatte. So auch bei der Kaiserwahl von Matthias 1612. Bisher waren die Privilegien im Kreis der Herrschenden verhandelt worden, also allein zwischen dem Kaiser und den Ratsherren. In der Bürgerschaft vermutete man unbekannte städtische Privilegien, die der Rat zu seiner Bereicherung geheim hielt, während sie allen Bürgern der Stadt hätten zugutekommen sollen. Ganz so war es nicht, aber im Verlauf des Aufstandes kam eine insgesamt erdrückende Menge von Machenschaften des Rates ans Licht. Dazu gehörte auch die Tatsache, dass der Rat die hohe Verschuldung der Stadt verschwiegen hatte.

Noch im Verlauf der Wahlhandlung forderte die Bürgerschaft vom Rat die Bekanntgabe der städtischen Privilegien. So offen gegen die hohen Herren vorzugehen war ein gewagter Affront, eine Art Majestätsbeleidigung. Weitere Forderungen waren die Einrichtung eines öffentlichen Kornmarktes zur Regelung der Getreidepreise sowie die Beschränkung der Zahl der in der Stadt ansässigen

---

5   Kapitel 3.1.
6   Kapitel 7.1.

Juden. Außerdem sollte die Höhe des Zinssatzes, den die Juden in ihren Geldgeschäften nehmen durften, rückwirkend um die Hälfte gesenkt werden.

Im Zusammenhang mit der Kaiserwahl hielten sich in der Stadt Gesandtschaften der Kurfürsten auf. Dies ergab eine höchst brisante Situation, denn damit war neben der städtischen Machtebene der patrizischen Ratsherren auch die politische Elite des gesamten Reiches präsent. Ganz Deutschland schaute auf die Vorgänge in Frankfurt.

Wortführer des Aufstandes wurde Vinzenz Fettmilch, ein Krämer und Lebkuchenbäcker, der sich 1602 in Frankfurt niedergelassen hatte. Seine gesellschaftliche Stellung in der Stadt war als Einwanderer aus der Wetterau bereits umstritten, bevor er zum Anführer der Aufständischen wurde. Vinzenz Fettmilch und sein Bruder verfügten über eine juristische Ausbildung. Beide hatten sich vergeblich um städtische Ämter beworben, der Bruder z. B. für das Stadtschreiberamt. Gegen die Vetternwirtschaft der Patrizierfamilien im Rat konnten sie sich nicht durchsetzen.

Portrait von Vinzenz Fettmilch, Originalbeschriftung: „Vincentz Fettmilch. Erclehrter Aechter zu Franckf. 1614", Kupferstecher unbekannt, 1614, Kupferstich.

historisches museum frankfurt
C00546, Foto: Horst Ziegenfusz

Unterstützung fand Fettmilch
bei verschiedenen niederländischen Kaufleuten

Die niederländischen Einwanderer versprachen sich von der Aufstandsbewegung eine Verbesserung ihrer politischen Rechte in der Stadt, die ihnen aufgrund ihres reformierten Glaubens stark beschnitten wurden[7]. Mitstreiter des Aufstandes waren aber auch die Frankfurter Advokaten Weitz und Brenner. Sie hofften, sich durch die Vertreibung der Juden ihrer Schulden bei jüdischen Geldgebern entledigen zu können. Weiterhin wünschten sich die Advokaten eine grundsätzliche Besserstellung der Akademiker im Rat der Stadt. Die aufständische Bürgerbewegung nahm auch Kontakt zu Reichsfürsten auf, insbesondere zu Reformierten, um hier politische

---

7   Kapitel 6 u. 7.1.

Unterstützung auf Reichsebene zu gewinnen. Das gelang eine Zeit lang auch sehr geschickt.

Zwei Jahre lang zogen sich die Auseinandersetzungen zwischen dem Rat der Stadt und den Bürgern bzw. Zünften hin, begleitet von zunehmenden Ausschreitungen gegen die Juden. Zwischenzeitlich übernahm die städtische Opposition die Macht im Rathaus. Der Kaiser als oberster Schutzherr der Stadt hatte daraufhin eine Art Schlichtung durch Gesandte verschiedener Reichsfürsten aus dem Oberrheinischen Reichskreis[8] initiiert.

In einer neuen städtischen Verfassung, dem sogenannten Bürgervertrag vom Dezember 1612, waren große Teile der bürgerlichen Forderungen erfüllt worden. Dazu gehörten umfangreiche Finanzkontrollrechte gegenüber dem Rat sowie eine Verbesserung der politischen Repräsentanz der Zünfte und Juristen. Im Finanzkontrollrat der „Neuner"[9] saßen bedeutende niederländische Händler: Jakob du Fay und Sebastian de Neufville. Die Macht der Patriziervereinigungen wurde beschnitten. Ein Mitglied des aufständischen Bürgerrats, der als Erbauer des Salzhauses bereits genannte Christoph Andreas Köhler[10], wurde 1613 zum jüngeren Bürgermeister gewählt.

Im Bürgervertrag ausgeklammert war die Frage der Verkleinerung der Jüdischen Gemeinde. Zwar hätten die Zünfte dadurch eine Konkurrenz ausgeschaltet, aber die Ratsherren und der Kaiser hätten wichtige Geldgeber verloren. So blieben die Juden zunächst unangetastet und eine zentrale Forderung der Aufständischen unerfüllt. Doch auch die Stellung der in ihren politischen wie religiösen Rechten stark eingeschränkten Reformierten wurde nicht verbessert. Daher wandten sich bisherige reformierte Unterstützer der Aufstandsbewegung nun von dieser ab. Auch die Katholiken hatten keine bessere Position erhalten. Trotzdem gilt der Bürgervertrag auch heute noch als eine der fortschrittlichsten Verfassungen eines bürgerlichen Stadtstaates seiner Zeit. Sogar der Kaiser hatte der neuen Regelung im Mai 1613 zugestimmt.

---

8 Ein Reichskreis war eine Art regionaler Zusammenschluss von Herrschaftsgebieten innerhalb des Heiligen Römischen Reiches. Die zehn existierenden Reichskreise hatten militärische und zivile Aufgaben zu erfüllen. Sie waren oft geografisch zersplittert und durch konfessionelle und andere Streitigkeiten der beteiligten Landesherren wenig handlungsfähig.
9 Es war eine neunköpfige Kommission, ihre Mitglieder nannte man daher „Neuner".
10 Kapitel 9.1.

Entscheidende Fehler auf dem Höhepunkt der Macht

Der Bürgerrat um Fettmilch machte auf dem Höhepunkt seiner Erfolge entscheidende Fehler. In Überschätzung der eigenen Machtposition meinte man, nun noch weiter gehen zu können. An dem Bürgervertrag hatten kaiserliche Delegierte und Vertreter verschiedener Reichsstände mitgearbeitet. Diesen Vertrag nicht anzunehmen bedeutete, den Bogen zu überspannen. Trotzdem waren unter schwierigsten Bedingungen noch bis März 1614 Nachbesserungen im Bürgervertrag gelungen. Zu einer Befriedung kam es jedoch nicht: Im Rahmen der weitergehenden Verhandlungen waren durch die neuen bürgerlichen Kontrollgremien so viele Informationen über Amtsmissbrauch und persönliche Bereicherungen der alten Ratsmitglieder bekannt geworden, dass die Zünfte nun auch den überarbeiteten Bürgervertrag ablehnten und erneut den alten Rat absetzten. Sie wollten aus ihren Reihen einen neuen wählen. Ebenso hörte die Polemik gegenüber den Juden nicht auf.

Die Reaktion des Kaisers war unerwartet hart: Im Juli 1614 forderte er mit einer zweiwöchigen Frist alle Bürger auf, gegenüber dem Bürgervertrag „Parition", also Gehorsam zu erklären - ansonsten drohe die Reichsacht[11]. Der alte Rat müsse wieder ins Amt gesetzt, die Urheber des Aufstandes bestraft werden. Nur wenige Bürger erklärten gegenüber den kaiserlichen Kommissaren diese Parition. Die Zünfte, über die damals noch die Bürgerwehr organisiert war, besetzten strategische Positionen in der Stadt. Man glaubte, einen Rechtsstreit mit dem Kaiser gewinnen zu können. Dieser jedoch versuchte in Form seiner Kommissare, die Handwerksburschen gegen die Meister auszuspielen und die jungen Leute zur Parition zu bringen. Die Folge war ein unkontrollierter Wutausbruch der Handwerkerschaft im Ganzen, nicht nur der fremden[12] Gesellen. Die Wut kanalisierte sich gegenüber der politisch schwächsten Partei in der Aufstandszeit: den Juden.

Der Pogrom

Am 22. August 1614 überfielen Angehörige der Bürgerschaft die Judengasse. Der Ruf „Plündert die Judengasse" erscholl. Die jüdi-

---

[11] Wer unter die Acht fiel, war im ganzen Reich rechtlos gestellt, verlor also alle bürgerlichen Rechte und damit auch jeglichen Schutz durch die Obrigkeit.
[12] Zum Fremdenstatus vgl. Kapitel 3.1.

Plünderung der Judengasse in Frankfurt am 22. August 1614, Johann Michael Zell, 1614, Holzschnitt.

historisches museum frankfurt
C01677, Foto: Horst Ziegenfusz

schen Männer verteidigten die Judengasse mehrere Stunden lang und errichteten hinter den drei Toren Barrikaden aus Fässern, Bänken und Steinen, die Frauen und Kinder flohen auf den Friedhof. Nach einem mehrstündigen Kampf überlisteten die Angreifer die Juden und drangen in die Gasse ein. Während alle Juden auf den Friedhof flohen, wurde die Gasse geplündert, alles Hab und Gut entweder mitgenommen oder zerstört, Bücher im Feuer verbrannt. Erst als die Ausschreitungen auf die Stadt überzugreifen drohten, schritt Bürgermeister Köhler[13] mit der Bürgerwehr ein. Da waren die Plünderungen schon dreizehn Stunden im Gange gewesen. Die Mitglieder der Jüdischen Gemeinde, man zählte 1.380 Personen, wurden vollständig auf dem jüdischen Friedhof zusammengetrieben. Sie mussten am folgenden Tag die Stadt verlassen und zogen mit dem Rest ihrer Habe in umliegende Ortschaften wie Hanau, Offenbach und Höchst.

Der Sturm auf die Judengasse führte zu einem entschiedenen Eingreifen des Kaisers und der von ihm beauftragten Fürsten. Im September 1614 wurde über Fettmilch die Reichsacht verhängt, der

---

13 Kapitel 9.1.

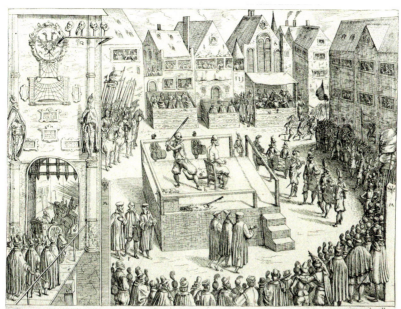

Stich zur Hinrichtung von Vinzenz Fettmilch und anderen auf dem Roßmarkt, Eberhard Kieser, 1616, Kupferstich.

In dem Bild werden verschiedene relevante Geschehnisse zusammengefasst. Der linke Bildteil zeigt den Brückenturm der Alten Brücke auf der Frankfurter Seite, auf dem die abgetrennten Köpfe der vier wichtigsten Rädelsführer mahnend zur Schau gestellt werden. Unten sieht man, wie die Jüdische Gemeinde in die Stadt zurückkehrt. Dem ging zeitlich die eigentliche Hinrichtung voraus, die in der Mitte des Stichs dargestellt ist. Der unten angefügte Text schildert ausführlich alle Geschehnisse. Er ist in niederländischer Sprache verfasst und trifft damit das Interesse der reformierten Einwanderer, die sich am Aufstand beteiligt hatten, um ihre politischen und religiösen Rechte zu verbessern.

Dieser Kupferstich ist ein Beispiel für die damalige mediale Verbreitung von wichtigen Ereignissen. Solche Stiche wurden, wie heute Zeitungen, in großer Zahl gedruckt und in Umlauf gebracht.

historisches museum frankfurt
C02103, Foto: Horst Ziegenfusz

Aufstand brach nach und nach zusammen. Im Frühjahr 1616 wurde Fettmilch mit anderen Aufständischen nach langem Prozess öffentlich hingerichtet. Während einige jüdische Familien sich bereits im August 1615 wieder in der Judengasse ansiedeln durften und den Wiederaufbau vorantrieben, konnte die restliche Gemeinde erst im Februar 1616 durch das direkte Eingreifen des Kaisers zurückkehren. Für die Jüdische Gemeinde wurde eine neue Stättigkeit[14] erlassen, die von nun an die Rechtsgrundlage für den Aufenthalt der Juden in der Stadt darstellte. Der große Gewinn dieser Stättigkeit war ihre unbegrenzte Gültigkeit. Einen weiteren Pogrom haben die Frankfurter Juden bis zu den Nazis nicht erleben müssen. Auf eine Entschädigung ihrer geraubten Habe mussten sie jedoch nach langen Verhandlungen vollständig verzichten. In Andenken an die Errettung vor der Vernichtung feierten die Frankfurter Juden am Tag der Wiedereinführung in die Judengasse ein besonderes Fest, den „Purim Vinz".

Empfindliche Strafen

Im Rahmen der kaiserlichen Strafexpedition 1616 wurden viele der beteiligten Bürger mit Geldstrafen belegt, die sie nicht selten komplett ruinierten. Etwa zwei Drittel der Bürgerschaft sollen zu den Bestraften gehört haben. Das Haus von Vinzenz Fettmilch in der Töngesgasse, heute etwa die Nordwestecke zur Hasengasse, wurde noch am Hinrichtungstag komplett zerstört. Viele Jahrzehnte stand hier eine Schandsäule, die der Merianplan von 1628 gut erkennbar darstellt.

Nach dem damaligen Denken musste ein schädlicher Teil der Gesellschaft mit Haut (Haus) und Haar aus dem Gemeinschaftsgefüge entfernt werden. Es ist das gleiche Denken, mit dem auch die Polemik gegen die Juden arbeitete. Allerdings wurde bei Fettmilch nur seine Familie mit „in Haftung" genommen. Bei der Jüdischen Gemeinde wurde gleich eine ganze Bevölkerungsgruppe stereotyp verurteilt[15].

Als weitere Konsequenz aus den kaiserlichen Strafmaßnahmen wurden die Zünfte komplett verboten und die Handwerkerschaft unter eine städtische Gewerbeaufsicht gestellt. Die Bürgerwehr

---

14 Kapitel 3.2.
15 Vgl. dazu die Patrona-Revolte, Kapitel 9.3.

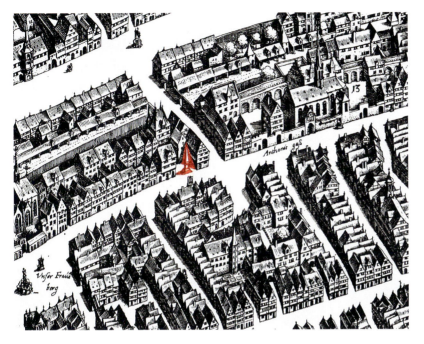

Merianplan von 1628; der rot markierte Teil zeigt die Schandsäule am ehemaligen Standort des Fettmilch'schen Hauses in der Töngesgasse. Die überproportional große Darstellung der Säule unterstreicht die damalige Bedeutung.

Institut für Stadtgeschichte
S8-Stpl/1628 – Bearbeitung:
Holger Wilhelm

wurde über Stadtquartiere und deren Bürgerkapitäne neu organisiert, sodass keine direkte Verknüpfung mehr zwischen Zünften und Militärwesen bestand. Die Position der alten Patrizier im Rat wurde wiederhergestellt. Lediglich die Stellung der Juristen war auch nach der „Restauration" besser als vor 1612. Für Reformierte und Katholiken blieb alles beim Alten.

9.3 Fettmilch-Aufstand und Patrona-Revolte: Ein Vergleich zu sozialen Grenzziehungen und polemischen Feindbildern

Eine interessante Parallele zum Frankfurter Fettmilch-Aufstand (1612 bis 1614) ist die „Patrona-Revolte" in Istanbul 1730. Der Vergleich beider Aufstandsbewegungen zeigt einen ganz anderen Umgang mit religiöser Unterschiedlichkeit im Osmanischen Reich. Es gibt aber auch interessante Parallelen: Beide Aufstände beruhen im Prinzip auf wirtschaftlichen Verschlechterungen, bedienen sich aber einer religiös gefärbten Rhetorik, um die Massen zu bewegen.

Im Istanbul des 18. Jahrhunderts waren die Muslime noch immer in der Minderheit, wie grundsätzlich lange Zeit im gesamten Osmanischen Reich[16]. Trotzdem hatten sie die Macht. Christliche und jüdische Bevölkerungsanteile wurden weitgehend toleriert. Der „Patrona-Aufstand" war letztlich ein Protest gegen erhöhten Steuerdruck und Reformbewegungen der Regierung. Diese versuchte, mit einer Öffnung für westliche Einflüsse die stagnierende Wirtschaft im Osmanischen Reich wieder in Gang zu bringen. Dazu gehörte nicht nur die Zulassung neuer Techniken, z. B. des Buchdrucks, sondern auch eine Art „Konjunkturprogramm" in Form des Ausbaus von Palastanlagen. Die Bürger brachten die prächtigen Neubauten mit dem erhöhten Steuerdruck direkt in Verbindung.

An die Spitze der Protestbewegung setzte sich Patrona Halil. Er war Gebrauchtkleidungshändler und ehemaliger albanischer Janitschar. Die Janitscharen waren osmanische Elite-Soldaten, deren Einheiten durch Reformen einen Machtverlust hinnehmen mussten. Patrona Halil verband seine Kritik am Luxus rhetorisch geschickt mit grundsätzlichen muslimischen Überlegungen: Er kreidete nicht nur die Prunksucht der Herrscher an, sondern auch deren Einführung von neumodischen Belustigungen für die Bevölkerung. Dazu gehörten z. B. Karussells und dergleichen zum Ende des Ramadan, sodass sich Frauen nach Meinung Halils unzüchtig benähmen und dem Herrschaftsbereich ihrer Männer zu entkommen suchten. Die Bewegung wurde dadurch vordergründig zu einer konservativen Revolte, die die islamische Scharia wahren bzw. wiederherstellen wollte. Ein an sich aus wirtschaftlichen Missständen heraus entstandener Protest hatte einen religiösen Deckmantel bekommen. Hierin liegt die Parallele zum Fettmilch-Aufstand in Frankfurt, bei dem die Juden in der Stadt zum alleinigen Auslöser aller Übel stilisiert wurden, was den Realitäten in keiner Weise entsprach.

Fremde Religionen blieben unangetastet

Interessanterweise kam es bei der „Patrona-Revolte" zu keinen antichristlichen oder antijüdischen Ausschreitungen. Von den zahlenmäßig starken Bevölkerungsgruppen der Christen und Juden wurde lediglich stillschweigende Unterstützung der Herrscherkritik erwartet und in aller Regel auch gewährt. Christen und Juden besaßen im Osmanischen Reich nicht die gleichen Rechte wie Muslime, aber es wurde ihnen doch niemals das Wohnrecht in der Stadt bestritten. In der islamischen Gesellschaft kam es erst zu Pogromen gegen

---

16 Kapitel 5.

andere Glaubensgemeinschaften, als der Druck der westlichen Kolonialmächte im 19. Jahrhundert die völlige Gleichberechtigung der nicht-muslimischen Bevölkerung im Osmanischen Reich erzwang[17].

Für die „Patrona-Revolte" aber galt noch wie in vielen Jahrhunderten zuvor: Die Stadtgesellschaft der osmanischen Hauptstadt verstand sich als eine Konfiguration ineinander verschachtelter Bevölkerungsgruppen. Sie hatte ein multikulturelles und multireligiöses Selbstverständnis. In der Krisensituation wurde daher die Selbstbesinnung innerhalb einer Gruppe angemahnt: Die Muslime sollten zu islamischer Sittlichkeit im konservativen Sinn zurückkehren. Patrona Halil sah die Grenzen des eigenen kulturellen bzw. religiösen Spielraums schädlich verletzt. Die „Anderen" wurden dabei in Ruhe gelassen.

Das lag beim Fettmilch-Aufstand anders. Hier eigneten sich die Juden als Sündenbock für alles, weil sich die mehrheitlich christliche Gesellschaft als sozialer Körper verstand, der durch die Entfernung „negativer" äußerer Einflüsse „heilen" könne. Man musste sich also nicht selbst in Frage stellen oder gar ändern, sondern nur das „böse Fremde" entfernen. Das war letztlich in der Ausgrenzungssituation gegenüber den „calvinistischen" Flüchtlingen nicht anders, auch mit ähnlich polemischer Rhetorik[18].

Heute definieren wir das „politisch korrekt" genau umgekehrt: Unser modernes Gesellschaftsbild ist ein pluralistisch offenes, in dem unterschiedlichste Gruppen nebeneinander sein dürfen. Faktisch ist in Europa die Bereitschaft immer noch hoch, kulturell oder religiös fremde Gruppen als Außenseiter auszugrenzen und ihnen gesellschaftliche Missstände anzulasten. Kaum beobachtet man, dass in krisenhaften Situationen eine Besinnung auf „eigene" innere, religiöse oder kulturelle Werte und Normen eingefordert würde. Ein Beispiel wäre die Moscheebaudebatte 2007 im Stadtteil Hausen: Während die Gegner des Baus die Religiosität der Muslime als „bedrohlich" darstellten, kam es ihnen nicht in den Sinn, die eigene längst verloren gegangene christliche Lebenspraxis wiederzubeleben. Auch in der jüngsten Debatte um die Aufnahme der Flüchtlingsströme aus dem Nahen Osten und Afrika erleben wir zum Teil gewalttätige Anfeindungen. Wieder werden Unschuldige zum Sündenbock gemacht für soziale Schieflagen, die diese nicht zu verantworten haben. So lief es beim Fettmilch-Aufstand auch: Im Innern der eigenen sozialen Gruppe stimmte vieles nicht, aber schuld sollten „die Anderen" sein.

---

17 Vgl. die Verträge zwischen dem Osmanischen Reich und dem Deutschen Zollverein, Kapitel 13.2.
18 Kapitel 6 u. 7.

Orte des Geschehens

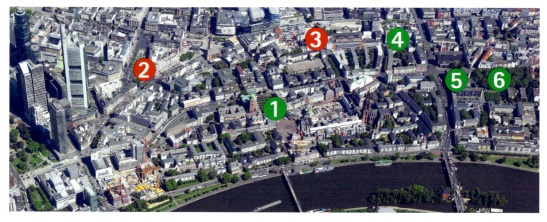

Darstellungsgrundlage: Schrägluftbilder 2014, Ausschnitt; Geobasisdaten: © Stadtvermessungsamt Frankfurt am Main; © Hessische Verwaltung für Bodenmanagement und Geoinformation; Lizenznummer 623-3215-D

❶ **Sockelgeschoss und Schnitztafeln des ehemaligen Salzhauses** Römerberg 27, Ecke Braubachstraße; bis zur Kriegszerstörung einer der prächtigsten Renaissance-Fachwerkbauten Deutschlands; beim Wiederaufbau in den 50er-Jahren Integration des historischen Erdgeschosses und einiger der erhaltenen Schnitztafeln in den Neubau – Es handelt sich um Überreste von Christoph Andreas Köhlers Haus (Erbauer), der beim Fettmilch-Aufstand als jüngerer Bürgermeister beteiligt war und schließlich fliehen musste. [Kapitel 9.1]

❷ **Roßmarkt** Straßenfluchten heute gegenüber dem 17. Jh. stark verändert – Im Jahr 1616 war der Roßmarkt Hinrichtungsort von Vinzenz Fettmilch und Genossen. [Kapitel 9.2]

❸ **Ehemaliger Standort der Schandsäule an Stelle von Fettmilchs Wohnhaus** Töngesgasse, in Höhe Nordwestecke zur Hasengasse – Hier wurde am Hinrichtungstag von Vinzenz Fettmilch sein Wohnhaus komplett zerstört. Viele Jahrzehnte lang stand hier eine Schandsäule. [Kapitel 9.2]

❹ **Torbogen in der Staufermauer** Fahrgasse/An der Staufenmauer – Der Torbogen markiert in etwa einen der drei historischen Zugänge zur Judengasse, die im Fettmilch-Aufstand 1614 geplündert wurde. [Kapitel 9.2]

❺ **Museum Judengasse** Kurt-Schumacher-Straße 10, zugewiesenes Wohnviertel der Juden von 1462 bis 1796 – Hier finden sich Grundmauern von Teilen der Judengasse, die im Fettmilch-Aufstand 1614 geplündert wurde. [Kapitel 9.2]

❻ **Alter Jüdischer Friedhof** Battonnstraße/Börneplatz (Gedenkstätte), zweitältester jüdischer Friedhof Deutschlands, ältester Grabstein von 1272 – Hierhin flüchteten sich die Juden während der Plünderung der Judengasse im Fettmilch-Aufstand 1614; nach einer durchwachten Nacht wurden sie aus der Stadt getrieben. [Kapitel 9.2]

10 Zuzug von italienischen Händlern

10.1 Ältere Einwandererkarrieren aus deutschen Landen

Schon vor der Reformationszeit haben zugezogene Händler das politische und wirtschaftliche Leben der Stadt entscheidend mitgeprägt. Frankfurt wäre nicht, was es ist, wenn es immer ein Frankfurt der Frankfurter geblieben wäre. In der vorreformatorischen Zeit sind die Beispiele allerdings weitgehend auf deutsche Herkunftsgegenden beschränkt. Das war politisches, aber nicht kulturelles Ausland. Man sprach von Angehörigen der deutschen Nation im Unterschied zu anderen Nationalitäten.

Einwandererkarrieren aus deutschen Landen gab es viele. Zu erzählen wäre z. B. von dem zugewanderten Siegfried Marburg zum Paradies, der im 14. Jahrhundert durch seine guten Beziehungen zum Kaiser ein Exemplar der Goldenen Bulle[1] für Frankfurt sicherte. Als neue Reichsverfassung sprach die Goldene Bulle Frankfurt die Funktion als Wahlort der Kaiser zu. Ein eigenes Exemplar davon zu besitzen war entscheidend, um dieses Recht zu allen Zeiten geltend machen zu können. Siegfried Marburg zum Paradies konnte zudem erreichen, dass das Schultheißenamt nicht mehr ein königliches, sondern ein städtisches Amt wurde, und dass der heutige Stadtwald in den Besitz Frankfurts kam. Mit all dem legte der Einwanderer aus deutschen Landen die Grundlagen für Frankfurts Status als Reichsstadt[2].

Sein Wohnhaus war das Haus Zum Grimmvogel/Zum Paradies am Liebfrauenberg. Es ist in der späteren barocken Überformung noch heute erhalten. Das Grabepitaph von Siegfried Marburg zum Paradies findet sich in der Alten Nikolaikirche am Römerberg. Es wurde Jahrzehnte nach seinem Tod zu Ehren des verdienstreichen Patriziers vermutlich von Stadtbaumeister Madern Gerthener gefertigt, der auch für den Domturm und den Eschenheimer Turm verantwortlich zeichnete.

Haus Zum Grimmvogel und Zum Paradies am Liebfrauenberg in der heutigen Erscheinung; die barocke Fassade fasst zwei ehemalige Vorgängerbauten zusammen.

Foto: Holger Wilhelm

---
1   1356, das Original im Institut für Stadtgeschichte, heute Weltdokumentenerbe, s. Abb. auf S. 58.
2   Die Reichsstädte waren innerhalb des Heiligen Römischen Reiches (Deutscher Nation) den territorialen Fürstentümern gleichgestellt. Sie waren im Reichstag direkt vertreten und über ihnen stand nur der Kaiser selbst.

Bis heute erhaltenes Gewölbe des mittleren Durchgangs im ehemaligen Haupthaus des Nürnberger Hofes, Braubachstraße 31.

Foto: Holger Wilhelm

Zu erzählen wäre auch von der Familie Melem im Steinernen Haus[3], die aus Köln zugezogen war. Nach Einheirat in die Patriziergesellschaft Alten-Limpurg stellte sie bereits in der zweiten Generation nach der Einwanderung Bürgermeister. Katharina Melem hatte später Jakob Heller geheiratet, den Besitzer des Nürnberger Hofes gleich nebenan. Der Nürnberger Hof war ein bedeutender Messehof und beherbergte viele Kaiser, aber auch Albrecht Dürer.

Man erzählt sich, dass Heller Kontakt zu Dürer fand, weil dessen Ehefrau zu Messezeiten im Kreuzgang des Domes Holzschnitte ihres Mannes verkaufte. Jakob Heller bestellte bei Dürer für das Frankfurter Dominikanerkloster einen Altar, der heute als Heller-Altar hochberühmt ist[4]. Auf einer figürlichen Darstellung auf dem Heller-Altar findet sich auch das Händepaar, das vielen als die „Betenden Hände" von Dürer bekannt ist.

Der Nürnberger Hof war später erster Sitz der italienischen Händlerfamilie Brentano[5].

10.2 Der Venedighandel der Blumengesellschaft

Nicht nur der Kontakt mit fremden Kaufleuten gab schon in früheren Jahrhunderten der Handelsstadt am Main eine internationale Note. Auch alteingesessene Frankfurter Familien betrieben weitverzweigte Handelsnetze. So führt uns die Geschichte eines Hauses, das bis 2018 in der Altstadt wieder aufgebaut wird, bis nach Venedig.

Gleich neben dem südlichen Eingang zum Nürnberger Hof entsteht die historische Gasse Hinter dem Lämmchen im Rahmen des „Dom-Römer-Projektes" neu. Im Bereich des ehemaligen Technischen Rathauses werden die Gassen weitgehend auf historischem Grundriss wiederhergestellt. Einige stadtgeschichtlich bedeutsame Gebäude waren schon 2006/2007 in den Beschlüssen der Stadtverordnetenversammlung als Rekonstruktion vorgesehen. Sie zeugen in diesem Bereich vor allem von den Ursprüngen der Frankfurter Messe. So auch das Haus Zum Goldenen Lämmchen.

Bis zu seiner Zerstörung im März 1944 war hier einer der letzten typischen Messehöfe Frankfurts zu sehen. Um einen Innenhof gruppierten sich Wohn- und Wirtschaftsbauten, zum Teil mit repräsentativen Galerien. Ähnliche Galerien zeigte der Rebstockhof ganz in der Nähe, dessen Haupthaus ebenfalls

---

3 Markt 44, erbaut 1464, nach dem Krieg wieder aufgebaut.
4 Teile davon befinden sich im Städel.
5 Kapitel 10.4.

wieder aufgebaut wird. Wie beim Nürnberger Hof und im Steinernen Haus konnte der Innenhof in Nord-Süd-Richtung durchfahren werden, damit voll bepackte Wagen nicht wenden mussten. Die Wohnflächen rund um den Hofbereich konnten zum Teil in viele kleine Einheiten aufgeteilt werden und wurden zu Messezeiten an Händler vermietet. Die Jahreserlöse hieraus überstiegen den Verdienst eines Handwerkers um ein Vielfaches. Verschiebbare Holzjalousien an den Galerien[6] sorgten wahlweise für Privatsphäre oder die Möglichkeit der Teilnahme am Handel im Hof. In der Altstadt lagen zahlreiche Messehöfe, in denen die Händler aus bestimmten Städten regelmäßig mit ihren Waren Einzug hielten. So gab es neben dem schon erwähnten Nürnberger Hof[7] z. B. einen Augsburger und einen Baseler Hof. Bereits 1394 waren 117 Städte auf der Frankfurter Messe vertreten.

Hinter dem Lämmchen Nr. 6, Innenhof mit Holzgalerie, Carl Theodor Reiffenstein, 1856, Aquarell.

historisches museum frankfurt
R0432, Foto: Horst Ziegenfusz

Frankfurt trieb Handel von der Ostsee bis zur Levante

Das Haus Zum Goldenen Lämmchen war über knapp zwei Jahrhunderte im Besitz der Händlerfamilie Blum, die über Handelskontore von Lübeck bis Venedig verfügte. Stadthistoriker Björn Wissenbach schreibt über das Haus in einem Exposé für die DomRömer GmbH:[8]

[...] Zu den auswärtigen Handelsgesellschaften kamen natürlich auch welche, die ihren Hauptsitz in Frankfurt hatten und von hiesigen Patriziern geleitet wurden. Eine wurde vom Geschlecht der Blum gegründet, die sich in der „Blumengesellschaft" zusammenfanden und als Geschäftssitz das „Goldene Lämmchen" wählten. Mit Wolf Blum nahm die Gesellschaft 1417 ihren Anfang. Nach seinem frühen Tod im Jahr 1434 übernahm seine Witwe Agnes die

---

6 Die Holzjalousien sind im Aquarell von Carl Theodor Reiffenstein um 1856 noch zu sehen – s. Abbildung.
7 Kapitel 10.1.
8 Abdruck mit freundlicher Genehmigung (DomRömer GmbH/Björn Wissenbach).

Geschäfte zusammen mit den Schwiegersöhnen auf Grundlage einer Familiengesellschaft und führte sie mit großem Erfolg weiter.

In jene Jahre fällt die urkundliche Ersterwähnung des „Goldenen Lämmchens" (1438) und aus dieser Zeit stammt die noch erhaltene Madonna samt kunstvoll gearbeiteter Konsole an der Hausecke. Der Wohlhabenheit der Besitzer folgte im selben Jahr die Expansion des Hofs. So erfahren wir, dass die „Blumengesellschaft" das Nachbarhaus mit dem Namen „Zum Gisenheimer" vorne an der Gasse zukaufte. Der Vorteil der „Blumengesellschaft" lag in der unmittelbaren Verbindung zwischen norddeutschem, süddeutschem und italienischem Handel. Sie nutzten also perfekt die Drehscheibe Frankfurt für ihre Zwecke. Die Hauptbeschäftigung lag im Transfer von westfälischer Leinwand nach Venedig. Auf dem Rückweg brachten die Handelszüge vor allem Spezereien und Seide mit. Darum waren die Brüder wohlbekannt im berühmten Fondaco dei tedeschi, dem Kaufhaus der Deutschen.

Die Frankfurter Händler hatten natürlich großes Interesse daran, dass die Herrschenden die Stadt über alle Zeiten weiterhin begünstigten und schützten, und da war kein Geschenk zu teuer, um sich der Gunst eines frisch gewählten Kaisers zu versichern. So wissen wir, dass der Schöffe Georg Blum im „Lämmchen" Kaiser Maximilian I. 1486 einen silbernen Doppelbecher im Wert von rund 121 Gulden verehrte. Das bot sich auch deswegen an, weil der Kaiser beim Nachbarn im Nürnberger Hof residierte. An diesem kleinen Beispiel wird deutlich, dass Stadt-, Handels- und Reichsgeschichte besonders in der „Gewerbestadt" aufs Innigste miteinander verbunden waren.

Mit dem Aussterben der Familie Blum in der Mitte des 16. Jahrhunderts ging die erste Blüte des Messehofs zu Ende. [...]

Der Wiederaufbau erinnert an zentrale Punkte Frankfurter Stadtgeschichte

Die in unseren Tagen wieder rekonstruierte Bauform des Anwesens geht auf spätere Nachbesitzer zurück. Der prächtige Renaissancehof mit Lauben und Galerien stammt aus einer weiteren Blütezeit nach den Blums und diente zweimal als Aufführungsort für englische Schauspieltruppen, die zu den Messen Shakespeares Stücke darboten. Das Haupthaus an der Straße wurde Ende des 18. Jahrhunderts neu erbaut. Schließlich beraubte der Durchbruch der Braubachstraße um 1900 herum den Messehof seines kompletten Nordflügels. Der bis 1944 erhaltene südliche Hof wurde dagegen beim Bau der Braubachstraße weitgehend erhalten.

Die Gasse Hinter dem Lämmchen, Simulation der DomRömer GmbH, derzeit im Wiederaufbau, Computergrafik; das Goldene Lämmchen ist der langgestreckte Bau in der Mitte.

DomRömer GmbH/HHVISION

Längst bewohnten nicht mehr reiche Patrizier das Anwesen. Über die Jahrhunderte schwand die Bedeutung der Messe, sodass die Altstadt nicht mehr das Zentrum des Wirtschaftslebens war. Nachdem die Verteidigungsanlagen um 1800 geschliffen worden waren und so der Anlagenring entstand, zogen die Reichen in die neuen luftigen Stadtrand- und Vorortlagen. Wenige Jahrzehnte später brachte die industrielle Revolution eine Bevölkerungsexplosion mit sich. Die Häuser in der Altstadt wurden oft mit verarmten Familien[9] überbelegt und verkamen immer mehr.

10.3 Händler aus Italien

Es ist klar, dass Frankfurt als Handels- und Messestadt Reisende aus aller Herren Länder beherbergte. Seit jeher haben sich immer wieder Händler aus anderen Städten wegen der Messen hier eingefunden und zum Teil auch dauerhaft niedergelassen. Die Nähe zum Rhein und die Anbindung an 26 Handelsstraßen verband Frankfurt mit dem südeuropäischen genauso wie mit dem nordwesteuropäischen Wirtschaftsgebiet, das mit den Niederlanden an der Spitze zu Beginn der Neuzeit zum Wirtschaftsmotor des Kontinents wurde. Alles, was man verkaufen konnte, wurde in Frankfurt gehandelt. Auch in den langen Kriegszeiten des 17. Jahrhunderts[10] versuchte man in Frankfurt noch, durch den entsprechenden Bedarf der Truppen Gewinn zu machen. Von kriegerischen Handlungen selbst konnte sich die Stadt nicht selten freikaufen.

Im 17. Jahrhundert nahm der Handel mit neuen überseeischen Waren, wie Tabak, Schokolade, Kaffee und Tee sowie Farbhölzern, stetig zu. Ende des 18. Jahrhunderts zählte man in der Stadt an fest etablierten Handlungsgeschäften:
- 100 Krämer
- 90 Spezereiwarenhändler, davon 10 „italienische". Der Begriff „Spezerei" bezeichnete Gewürze im weiteren Sinne, auch Mandeln usw. Unter „Spezereiwaren" verstand man die besonderen, „exotischen" Lebensmittel, die es nicht ohne Weiteres auf dem Markt zu kaufen gab.
- 14 Handlungen mit Material- und Apothekerwaren
- 35 Tabakfabriken und -handlungen

---

9 Kapitel 12.1.
10 Dazu zählen der Dreißigjährige Krieg von 1618 bis 1648 oder der Krieg zwischen dem Deutschen Reich und Frankreich ab 1689 für 25 Jahre.

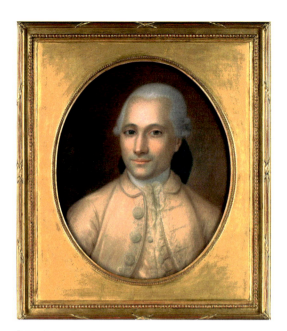

Peter Anton Brentano, Portrait nach 1774, unbekannter Künstler; der aus Italien eingewanderte Pietro Antonio Brentano (1735-1797), genannt Peter Anton, war der Begründer der Frankfurter Brentano-Familie.

Freies Deutsches Hochstift – Frankfurter Goethe-Museum

Die italienischen Händler folgten den veränderten Handelswegen nach Norden

In den beiden genannten Jahrhunderten fielen hier einige Händlerfamilien vom Comer See besonders auf[11]. Für uns heute nicht mehr fortzudenkende Namen, wie die Brentanos, gehörten dazu. Es waren Katholiken, die trotzdem ihren festen Platz in der protestantischen Stadt fanden. Italienische Händler waren schon im Mittelalter auf den Messen präsent gewesen[12]. Im 16. Jahrhundert erlebte Venedig einen Niedergang des Handels. Zugleich wurde im Norden das Handelsmonopol der Hanse aufgehoben. Durch die neu entdeckten Seewege nach Indien wurden die Spezereien nun im Nordwesten Europas in den aufstrebenden niederländischen Hafenstädten angelandet. Verlief der Güterstrom nach Norden früher über das Mittelmeer, die italienischen Hafenstädte und die Alpen, so waren die Kontore der italienischen Spezereienhändler nun nicht mehr am Handelsweg gelegen. Sie reagierten darauf, indem sie selbst nach Norden zogen und Handelsfilialen nördlich der Alpen begründeten. Die Einwanderung erfolgt also aus rein wirtschaftlichen Gründen. In Frankfurt können dabei mehrere italienische Einwanderergruppen unterschieden werden:

- Spezerei- und Südfrüchtehändler, seit dem Dreißigjährigen Krieg, hauptsächlich Händler vom Comer See, Familien Brentano, Guaita u. a. Diese Gruppe betrachten wir uns genauer – schließlich noch:
- Seiden- und Galanteriewarenhändler, ab ca. 1710, meist aus Savoyen[13] und Piemont[14], u. a. Familien Allesina, Bolongaro.
  Als Galanteriewaren bezeichnete man modische Accessoires, Modeschmuck und Parfums.

---

11 Freilich gab es auch andere Herkunftsgebiete italienischer Händler in Frankfurt.
12 Vgl. die alte Hausbezeichnung „Zum Römer", die auf solche Handelsbeziehungen hindeuten könnte.
13 Heute nördliche französische (Vor-)Alpen, südlich des Genfer Sees.
14 Rund um Turin, Norditalien.

- Eine dritte Gruppe von Händlern kam ab ca. 1750 aus der Lombardei[15].

Interessanterweise ist bei diesen Einwanderungsgruppen zu beobachten, was bis heute ein typisches Phänomen bei Migrationsbewegungen ist: Eine Einwanderergruppe aus einem eingegrenzten geografischen Herkunftsgebiet besetzt im Zielland einen bestimmten wirtschaftlichen Sektor und beherrscht diesen zeitweise. Dies zeigen moderne Erhebungen z. B. über die Fish & Chips-Buden in Irland: Sie liegen zu einem sehr hohen Anteil in der Hand von italienischen Einwanderern aus einer ganz bestimmten Gegend Italiens. Eine ähnliche Besetzung spezieller Wirtschaftszweige ließ sich auch bei den niederländischen Einwanderern[16] beobachten.

Große Sandgasse, Haus Zum Goldenen Kopf, Künstler unbekannt, um 1900, Holzschnitt; das Haus Zum Goldenen Kopf war ab 1777 das Stammhaus der Familie Brentano und Geburtshaus der beiden Romantiker Clemens Brentano und Bettina von Arnim.

historisches museum frankfurt
C10421, Foto: Horst Ziegenfusz

10.4 Vom Pommeranzengängler zum Großhändler – Die Familie Brentano vom Comer See

Der Großteil der in Frankfurt ansässigen italienischen Spezereiwarenhändler stammte, wie die Brentanos, vom Westufer des Comer Sees, wo die Familiennamen heute noch anzutreffen sind. Sie gehörten dort zur dörflichen Oberschicht bzw. zum Landadel und waren freie Grundbesitzer und Händler gewesen. Die Frankfurter Niederlassungen verschiedener Brentano-Linien lagen verteilt über die Altstadt: Töngesgasse, Haus Stadt Antwerpen[17], Schweizer Hof, Schnurgasse; die berühmteste Linie Tremezzo zunächst 1698 im Nürnberger Hof[18], ab 1777 im Haus Zum Goldenen Kopf in der Großen Sandgasse 12. Die Beziehungen in die Heimat blieben bis ins späte 18. Jahrhundert sehr eng. Man schickte, wie es auch heutige Einwanderer tun, Geld nach Hause. Belegt sind des

---

15 Rund um Mailand, Norditalien.
16 Kapitel 6 u. 7.
17 Neue Kräme, heute im Bereich des Paulsplatzes.
18 Kapitel 10.1.

Weiteren Vollmachten, die von Frankfurt nach Italien gingen, damit dort Verwandte Erbsachen oder andere Handelsgeschäfte abwickeln konnten. „Zu Hause" am Comer See wurden auch öfter Warensendungen mit einheimischen Gütern für Frankfurt zusammengestellt.

Mehr und mehr löste sich aber das Handelsgeschäft der italienischen Händler in Frankfurt von den Vermarktungsketten in der Heimat. Durch verwandtschaftliche Beziehungen zu anderen Händlern nördlich der Alpen knüpften die Italiener neue Handelsbeziehungen. Die Bezeichnung „Italienischer Händler" war für Mitteleuropäer ein Synonym für ein bestimmtes Warensortiment – eben alles, was es aus oder über Italien zu bekommen gab: Zitrusfrüchte, Weine, Öl, Oliven, Kapern, Käse (Parmesan), Würste, Sardellen, Pasta, aber auch Seidenprodukte, Parfums, Samt, Mineralien, eine ganze Reihe von Handwerks- und Kunstwaren, Glaswaren, Violinsaiten, Tabak usw.

Für intensiven Tabakhandel in Frankfurt steht die Familie Bolongaro, die allerdings nicht zur Gruppe der Händler vom Comer See gehörte, sondern vom Lago Maggiore stammte. Noch heute vermittelt der prächtige Bolongaro-Palast in Höchst einen Eindruck von dem erlangten Wohlstand. In der damals katholischen Stadt, die zum Bistum Mainz gehörte, durfte die Familie in diesem Stil bauen. Der „Palast" war Teil eines ehrgeizigen Stadterweiterungsprojekts. Das protestantische Frankfurt hatte solche Prachtentfaltung verwehrt. Trotzdem blieb der Schwerpunkt der wirtschaftlichen Aktivität der Bolongaros in Frankfurt.

Anfangs stammten die Produkte der italienischen Händler in der Tat aus Italien. Später aber wurde vieles, insbesondere die Spezereien, über die Niederlande eingeführt. Letztlich war die Herkunft der Waren unwesentlich, die man beim „Italiener" kaufte. Die Händler verkauften alles, was sich verkaufen ließ. In einer Inventurliste von Stephano Brentano (gestorben 1769) finden sich z. B. *„62 italiänische Kehrbesen"* und *„2 ½ Gebund indianische Vogelnester"*. Auch ihre Zitrusfrüchte bezogen die Brentanos und Guaitas schließlich über italienische Händler in Amsterdam. Die deutschen Konkurrenten warfen ihnen vor, sie würden betrügen, weil sie ja gar nichts Italienisches verkauften. Faktisch waren die Italiener so erfolgreich, weil sie durch ihre weitverzweigten Handelsnetze und ihre Organisationsform flexibel auf die Bedürfnisse der Kunden reagieren konnten.

Überlegene Organisationsform

Die Händler organisierten sich im 17. und 18. Jahrhundert vor allem in Handelsgesellschaften. Diese Zusammenschlüsse hatten zwei bis acht Gesellschafter, die für eine Laufzeit von drei bis fünf Jahren einen Vertrag abschlossen. Danach wurden die Verträge oft verlängert, es konnten aber unkompliziert Gesellschafter aussteigen oder neu aufgenommen werden. Dabei bewegte man sich in aller Regel im Rahmen der Familie oder der nahen Bekanntschaft. Die Einlagen der Gesellschafter wurden fest verzinst, meist zwischen vier und fünf Prozent. Die Gewinne wurden nach vorher festgelegten Regeln aufgeteilt, wobei auch erfolgsbezogene Faktoren eine Rolle spielten. Durch das System der Handelsgesellschaften und die europaweiten Netzwerke mit anderen befreundeten Händlern konnten die Italiener schnell auf Veränderungen im Markt reagieren und jeweils das nötige Kapital bereitstellen. Dieses flexible Geschäftsmodell etablierte sich in Frankfurt nach kurzer Zeit. Mit steigenden Gewinnen lösten sich die Handelsgesellschaften später allerdings mehr und mehr auf. Grund dafür waren die zunehmenden internen Streitigkeiten, aber auch das gesunkene Risiko, allein auf eigene Rechnung zu agieren. Das Haus Brentano teilte sich so auf mehrere Zweige auf.

Grabstein Georg Martin Brentanos, Stiftsherr in Liebfrauen, 1744, Liebfrauenhof; ältester erhaltener Brentano-Grabstein Frankfurts.

Foto: Holger Wilhelm

Die Handelsgesellschaften der ersten Zeit hatten oft mehrere Filialen – im Falle der Brentanos z. B. in Frankfurt, Mainz und Bingen. Die Mitglieder trachteten danach, den Gesellschaftsnamen und die Person, auf die die Gesellschaft eingetragen war, möglichst lange beizubehalten. Das war für die Kontinuität des Geschäfts wichtig, aber vor allem auch für den Rechtsstand in Frankfurt, denn es musste mindestens ein Mitglied den kostspieligen Status eines Beisassen in der Stadt haben. Darum gab es zum Teil erbitterte Auseinandersetzungen mit dem Rat der Stadt und der einheimischen Konkurrenz.

Die Form des Aufenthaltsrechts war ein Dauerproblem

Um in Frankfurt überhaupt – und dann auch nur eingeschränkt – Handel betreiben zu dürfen, musste man Beisasse[19] sein. Beisassen hatten keine Mitbestimmungsrechte in der Stadt und wurden höher besteuert. Sie genossen aber ansonsten die städtischen Schutzrechte und durften auch außerhalb der Messen Handel treiben. Es war eine Art Aufenthalts- und Arbeitsgenehmigung, die nicht vererbbar war. Darin lag der Knackpunkt: Mit zunehmendem Zuzug und Erfolg italienischer Händler machten die einheimischen Kaufleute Druck auf den Rat der Stadt, für Italiener keine neuen Anträge auf Beisassenschutz mehr zu genehmigen. Für bestehende italienische Handelsgesellschaften konnte es somit das Aus bedeuten, wenn ein Teilhaber mit Beisassenstatus verstarb. Die Alternative, Bürger zu werden, war in aller Regel verwehrt, weil die katholischen Italiener nicht in die evangelischen Familien der Stadt einheiraten konnten – was der einzige Weg gewesen wäre. Erst über Generationen hinweg gelang es immer mehr Italienern, den Beisassenschutz oder gar das Bürgerrecht zu erwerben. Nicht selten gingen dem langwierige Prozesse voraus, auch unter Einmischung von Fürsten oder gar des Kaisers – dies dann in der Regel zum Vorteil eines italienischen Günstlings.

Immer wieder versuchte die Stadt, die Handelserlaubnis der italienischen Händler auf Waren aus ihrem Heimatland zu beschränken. Mit solchen Regelungen kam man den unzähligen Eingaben und Forderungen der heimischen Konkurrenz auf dem Papier zwar nach, aber wirklich überprüfbar waren die Einschränkungen nicht. Es entspann sich eine lange Geschichte von Diffamierungen auf der einen und trickreichen oder gar betrügerischen Regelverstößen auf der anderen Seite. Die Alteingesessenen beharrten auf dem Vorwurf, die Handelsgesellschaften nutzten das System aus: Es sei ja oft nur einer steuerpflichtiger Beisasse – die anderen Gesellschafter verdienten unbesteuert mit. Außerdem würde der Gewinn außer Landes geschafft. Das sind Vorwürfe gegenüber ausländischen Gewerbetreibenden, die uns auch heute bekannt vorkommen. Da war es sicherlich nicht förderlich, dass einige Händler auch nach Generationen nur gebrochen Deutsch sprachen.

---

19 Kapitel 3.1.

Christiane Reves schließt ihren Artikel über die Händler vom Comer See mit diesen Worten[20]: *„Trotz der jahrzehntelangen Auseinandersetzungen schafften es dennoch einige Händler durch Einheirat und nach zähem Ringen, in Frankfurt ansässig zu werden. Sie integrierten sich zunehmend in die Gesellschaft vor Ort und wurden zu einem wichtigen Teil des neu entstehenden Bürgertums. Sie nahmen am kulturellen und politischen Leben der Stadt teil, Künstler und Gelehrte wie Goethe gingen z. B. bei der Familie des Pietro Antonio Brentano ein und aus, und Georg Friedrich Guaita, ebenfalls ein Nachfahre eines Händlers vom Comer See, wurde 1822 der erste katholische Bürgermeister der Stadt."*

Portrait Georg Friedrich von Guaita, Schöffe und Senator, um 1848, Lithografie; Georg Friedrich Guaita war Frankfurts erster katholischer Bürgermeister nach der Reformation.

historisches museum frankfurt
C14083, Foto: Horst Ziegenfusz

Landesweite Erfolgsgeschichte

Die Karrieren der Kinder und Kindeskinder der Familie Brentano füllen ganze Bücher. Und das nicht nur in Frankfurt. Die Brentanos zählten in verschiedenen Zweigen der Familie zu den Spitzen der damaligen deutschen Gesellschaft. Es würde den Rahmen dieses Buches sprengen, hierauf genauer einzugehen.

Ein recht junges Beispiel findet sich in der Politik: Heinrich von Brentano (1904–1964) gehörte der CDU an und war von 1955 bis 1961 Außenminister der Bundesrepublik Deutschland. Er empfahl Konrad Adenauer das kleine Dorf Cadenabbia bei Tremezzo am Westufer des Comer Sees. Ab 1957 bezog Adenauer insgesamt 18-mal seine Sommerresidenz in Cadenabbia, meist in der Villa La Collina, die seit 1977 im Eigentum der Konrad-Adenauer-Stiftung ist.

Für die Frankfurter ist die bleibendste Erinnerung der Brentanopark, der früher auch das Gelände des gleichnamigen Bades umfasste. Dort stand bis zum 2. Weltkrieg ein Landhaus von Georg Brentano (1775–1851). Er hatte den Park durch jahrzehntelange Erweiterungen geschaffen. Durch Kriegsanleihen und Inflation verlor der Familienzweig im 20. Jahrhundert sein Vermögen und verkaufte den Park 1926 an die Stadt, die ihn im Sinne des „Neuen Frankfurts"[21] umgestaltete.

---

20 Reves, Die Präsenz von Händlern vom Comer See in Frankfurt im 17. und 18. Jahrhundert, s. Literaturverzeichnis.
21 Stadtplaner Ernst May, vgl. die vielen „May-Siedlungen" als Siedlungsgürtel um die Stadt.

Darstellungsgrundlage: Schrägluftbilder 2014, Ausschnitt; Geobasisdaten: © Stadtvermessungsamt Frankfurt am Main; © Hessische Verwaltung für Bodenmanagement und Geoinformation; Lizenznummer 623-3215-D

Orte des Geschehens

❶ **Steinernes Haus**
Markt 44, ehemaliges stattliches Patrizierhaus der Familie Melem, birgt wie der benachbarte Nürnberger Hof [Kapitel 10.4] eine Durchfahrt mit reich verziertem Kreuzrippengewölbe – Die Melems waren eine Einwandererfamilie aus Köln, die es durch geschickte Heiratspolitik in Frankfurt bald zu Einfluss und Macht brachte. [Kapitel 10.1]

❷ **Haus Zum Grimmvogel/Zum Paradies**
Liebfrauenberg 39/Neue Kräme 34, barocker Nachfolgebau des Patrizierhauses von Siegfried Marburg zum Paradies – Dieser politisch erfolgreiche Einwanderer sicherte im 14. Jh. ein Exemplar der Goldenen Bulle, das Schultheißenamt sowie den Stadtwald für Frankfurt. [Kapitel 10.1]

❸ **Haus und Hof Zum Goldenen Lämmchen**
Hinter dem Lämmchen 6, Hofzugang auch über Braubachstaße 27, Messehof mit Ursprüngen im 15. Jh., Hausmadonna aus der Zeit um 1438, Umbauten in der Renaissance und im Barock; nach Kriegszerstörung Wiederaufbau (Fertigstellung voraussichtlich 2018) – Das Lämmchen war im 15. Jh. Sitz der Händlerfamilie Blum, die im Kaufhaus der Deutschen in Venedig vertreten war. [Kapitel 10.2]

❹ **Durchgang zum Nürnberger Hof**
Tordurchgang mit Kreuzrippengewölbe in der Braubachstaße 31, Rest des Herrenhauses im ehemaligen Messehof zwischen Schnurgasse (Berliner Straße) und Hinter dem Lämmchen, hier bis 2018 Nachbau des Torbogens und des südlichsten Hof-Gebäudes Klein Nürnberg – In diesem Hof logierten nicht nur Nürnberger Kaufleute, sondern auch Kaiser und Albrecht Dürer; die ehemals renommierte Adresse war eines der ersten Domizile der Händlerfamilien Brentano und Guaita aus Italien. [Kapitel 10.4]

❺ **Grabepitaph Georg Martin Brentanos**
Hof der Liebfrauenkirche, neben der Anbetungskapelle in der Ecke unter dem Vordach – Es handelt sich um den ältesten Grabstein (1744) eines Angehörigen der Familie Brentano; Georg Martin Brentano war Dekan der Liebfrauen-Stiftsherren. [Kapitel 10.4]

❻ **Ehemaliger Standort des Hauses Zum Goldenen Kopf**
Sandgasse, an der Südwestwand des Parkhauses Hauptwache – Seit 1777 bis zur Zerstörung im 2. Weltkrieg stand hier das Stammhaus eines wichtigen Zweigs der italienischen Händlerfamilie Brentano. Hier lebte Clemens Brentano (1778-1842), ein bedeutender Schriftsteller der Romantik. Zwischen der Familie und Johann Wolfgang Goethe gab es vielfältige Beziehungen, z. B. auch zwischen Goethes Mutter und Bettina Brentano (spätere von Arnim). [Kapitel 10.4]

Brentanopark und Brentanobad (außerhalb der Innenstadt, s. Rundgang „Im weiteren Stadtgebiet")
Rödelheimer Parkweg, ehem. Park um das Landhaus von Georg Brentano (1775-1851), später in städtischen Besitz gelangt, Umgestaltung unter Stadtbaurat Ernst May und Anlage des Brentanobades – Nach Kriegszerstörung des Landhauses erinnern noch Küchenbau, Gartenhäuschen und Petrihäuschen an diesen Zweig der Brentanos. [Kapitel 10.4]

11 Goethes West-östlicher Divan und die Wahrnehmung des Islam um 1800

11.1 Frühe Faszination für den Orient

Goethes Elternhaus im Großen Hirschgraben; Wiederaufbau nach dem 2. Weltkrieg.

Foto: Holger Wilhelm

„So flüchtete ich gern nach jenen morgenländischen Gegenden"[1], hatte Johann Wolfgang Goethe in späteren Jahren im Rückblick auf seine Jugendjahre geschrieben. In der umfangreichen Bibliothek seines Vaters blätterte der junge Johann Wolfgang in der Merian-Bibel, die der gleichnamige Frankfurter Verlag 1704 herausgegeben hatte. Die zahlreichen Stiche mit Darstellungen orientalischer Landschaften, Architektur und Personen faszinierten das Kind und regten seine Fantasie an. Die hebräische Schrift mit ihrem „Heer von kleinen Buchstäbchen und Zeichen"[2] und die märchenhaften Erzählungen des Alten Testaments trugen das Ihre zu dieser Faszination bei. Genauso gebannt verschlang der junge Goethe die französische Übersetzung der Märchensammlung aus 1001 Nacht von Antoine Galland, der dem arabischen Original wohl die eine oder andere Fantasieerzählung hinzugefügt hatte. Über Wochen schwelgte Goethe im Orient und schrieb mit sechzehn Jahren erste Orient-Gedichte.

Goethes Vater Johann Caspar hatte eine hebräische Bibel für den Hausunterricht angeschafft. Es bleibt jedoch unklar, inwieweit sein Sohn tatsächlich Sprachkenntnisse im Hebräischen erworben hatte. Latein und Griechisch beherrschte er tatsächlich. Sein Hauslehrer war Johann Jacob Gottlieb Scherbius (1728-1804), ein Akademiker mit osmanischen Vorfahren. Scherbius' Vater

Seite und Kupferstich zu Josua 3,1-17, aus der Merian-Bibel von 1704.

Freies Deutsches Hochstift – Frankfurter Goethe-Museum
(Ausführliche Quellenangabe s. Bildnachweis)

---

1 Zitat aus Dichtung und Wahrheit 1.4 – zitiert nach: „Denn das Leben ist die Liebe ...", S. 14, s. Literaturverzeichnis.
2 Zitat aus Dichtung und Wahrheit 1.4 – zitiert nach: „Denn das Leben ist die Liebe ...", S. 13, s. Literaturverzeichnis.

Portrait Johann Jacob Gottlieb Scherbius (1728-1804), Prorektor des Frankfurter Gymnasiums, Autotypie nach einem nicht näher bekannten Gemälde.

historisches museum frankfurt
C42486, Foto: Horst Ziegenfusz

war im Rahmen der Türkenkriege[3] als dreijähriges Kind auf einem serbischen Schlachtfeld neben seinem toten Vater aufgefunden worden und trug den Namen Pery Cherbi. Das Waisenkind wurde für fünfzehn Gulden an einen Wiener Briefträger verkauft. Auf Umwegen gelangte es nach Nürnberg und wurde dort nach einem Jahr Unterrichtung im Christentum öffentlich getauft. 1720 kam Scherbius' Vater schließlich als Buchdrucker nach Frankfurt. Der Sohn studierte Theologie und erwarb 1758 das Frankfurter Bürgerrecht. 1766 bis 1798 war Scherbius Prorektor des Frankfurter Gymnasiums. Seine Tätigkeit als Hauslehrer der betuchten Familie Goethe ging dem voraus.

Erstmals erschien der Koran auf Deutsch

Im Jahr 1772 – Goethe war nun ein junger Erwachsener in der Zeit des „Sturm und Drang" – erschien in Frankfurt die Koranübersetzung des David Friedrich Megerlin. Es war die Zeit einer intensiver werdenden Auseinandersetzung der Europäer mit den Inhalten des Islam – mit neuen denkerischen Freiheiten und neuen Vorurteilen.

Die militärische Übermacht des Osmanischen Reiches war gebrochen und die europäische Aufklärung vorangeschritten. Die ehemals scharfe religiöse Polemik gegenüber den Türken wurde zumindest in den gebildeten Schichten Westeuropas von einem wachsenden Interesse am Islam und an der Kultur islamischer Länder abgelöst. Jedoch gelang nicht allen die Distanzierung von den alten vorurteilsbeladenen Islam-Bildern aus der Ära der Türkenkriege.

Megerlins Werk war die erste deutsche Übersetzung des Korans direkt aus dem Arabischen. Auch dieses Buch fand Goethe in der Bibliothek seines Vaters vor. Im Vorwort rechtfertigte Megerlin seine Übersetzung gegen die Vorbehalte der katholischen Kirche. Man müsse den Koran übersetzen, damit alle sich von seiner Falschheit überzeugen könnten – schließlich bekenne sich der Prophet ja nicht zu Christus und der christlichen Heilsordnung. Der Koran sei damit ein teuflisches und antichristliches Werk. Zudem werde in ihm gelehrt, diese antichristliche Religion gewalttätig zu verbreiten. Dieses Feindbild nach altem Muster wirkte sich auf die Übersetzung aus.

Im gleichen Jahr 1772 erschien am 22. Dezember in den „Frankfurter Gelehrten Anzeigen" ein kritischer Hinweis auf Megerlins Ausgabe, der mit großer Wahrscheinlichkeit von Goethe verfasst

---

3 Kapitel 5.1.1.

wurde: *"Diese elende Produktion wird kürzer abgefertigt. Wir wünschen, dass einmal eine andere unter morgenländischem Himmel von einem Deutschen verfertigt würde, der mit allem Dichter- und Prophetengefühl in seinem Zelte den Koran läse, und Ahndungsgeist genug hätte, das Ganze zu umfassen."*[4]

Dieser „Verriss" von Megerlins Werk zeigt, dass Goethe den Koran vor allem als poetisches Werk wahrnahm. Wie Herder, der Goethe früh mit beeinflusste, las Goethe die Texte des Alten Testaments genauso wie die des Korans als morgenländische Poesie. Die Neuübersetzungen des biblischen Hohenlieds beider Poeten[5] belegen die zwischen Erotik und Religion schillernde Verbindung von Glaube, Dichtung und Orient.

Selbst dem Christentum im kirchlichen Sinne mehr und mehr entfremdet, war es vor allem die Kultur der islamischen Welt, die Goethe faszinierte. Die harsche Religionskritik seiner Zeit am Islam teilte er nicht und suchte sie aus kulturellen Gründen zu mildern. 1799 wurde er um eine deutsche Übersetzung von Voltaires Drama „Le fanatisme, ou Mahomet le Prophète" von 1741 gebeten – und milderte die Polemik gegenüber dem französischen Original. So wurde Goethe zu einem Vorreiter einer weniger vorurteilsbeladenen Begegnung mit der islamischen Welt. Freilich wurde seine eher areligiöse bzw. religionsphilosophische Herangehensweise der Sache nicht in jeder Hinsicht gerecht.

Koranübersetzung von David Friedrich Megerlin, 1772, Titelblatt.

Freies Deutsches Hochstift – Frankfurter Goethe-Museum (Ausführliche Quellenangabe s. Bildnachweis)

Goethe war mit seinem vorwiegend kulturellen und philosophischen Blick auf den Orient nicht alleine. In der Zeit der Aufklärung etablierten sich allerdings statt der religiösen nun kulturelle Vorurteile gegenüber der islamischen Welt, der man Despotismus (Unterwürfigkeit gegenüber einem Alleinherrscher) und Fanatismus sowie Wissenschaftsfeindlichkeit und Rückständigkeit vorwarf. Das alte Denkmuster blieb also bestehen, das christliche Abendland vor der Negativfolie der islamischen Welt als überlegen darzustellen[6]. Goethe

---

4 Zitiert nach: „Denn das Leben ist die Liebe …", S. 25, s. Literaturverzeichnis.
5 Goethe 1775, Herder 1778.
6 Vgl. Konrad, Von der ‚Türkengefahr' zu Exotismus und Orientalismus, Abschnitte 18-30, s. Literaturverzeichnis.

durchbrach diese Linie, allerdings mit einem gewissen Hang zur Verklärung des Orients.

Auch das war nichts Neues: Die althergebrachte christliche Polemik und Überheblichkeit gegenüber dem Islam stand in einem gewissen Widerspruch zur modischen „Turquerie", die in jedem Wohnzimmer wohlhabender Bürger Einzug gefunden hatte: Seit der Zeit der Türkenkriege fanden sich allerlei Accessoires in Europas Salons. Von Mode, Gewürzen und Porzellanfiguren mit orientalischen Themen über Schauspiele bis hin zu berühmten musikalischen Werken, wie Mozarts „Entführung aus dem Serail", war der Orient – oder besser das fantasievolle Bild von ihm – modischer Bestandteil bürgerlicher Kultur in Europa.

Beim Orientbild der Zeit schieden sich also die Geister: Die einen waren von einer neugierigen Offenheit gegenüber der orientalischen Kultur geprägt, die sie gleichzeitig fantasievoll verklärten. Diesem Standpunkt wäre Goethe zuzuordnen. Die anderen dämonisierten die islamische Religion weiterhin oder hielten orientalische Kulturen für minderwertig. Ein wirklich realistisches Bild vom Orient war offenbar schwer zu gewinnen.

11.2 Die Entstehung des West-östlichen Divans
11.2.1 Hafis

Johann Wolfgang von Goethe, Karl Josef Raabe, 1814/15, Öl auf Holz.
Freies Deutsches Hochstift – Frankfurter Goethe-Museum
IV-00464

Im Frühjahr 1814 bekam Goethe von seinem Verleger Cotta die erste Gesamtübersetzung des persischen Dichters Hafis geschenkt, der mehr als vierhundert Jahre vorher gelebt hatte. Die Lektüre dieses Werkes rief bei Goethe die alte Faszination für den Orient und seine Poesie wieder wach. Goethe meinte, in Hafis einen kongenialen Dichter des Orients gefunden zu haben, und nannte ihn seinen „Zwilling". Der persische Lyriker lebte im 14. Jahrhundert in Shiraz. Sein Name ist an sich der Ehrenname derer, die den Koran auswendig gelernt hatten. Hafis war Hofdichter und viel beachteter Koranlehrer und gehörte einem Sufi-Orden[7] an. In seinem Divan[8] finden sich Liebesgedichte um Trennung und Sehnsucht, aber auch um Schönheit und Reiz der Angebeteten. Vergänglichkeit und Schicksal spielen ebenso eine Rolle wie religiöse Inhalte sufistischer Prägung. Im Osten wurden und werden viele seiner Verse in einem religiös-

---

7 Sufismus ist eine Form islamischer Mystik.
8 Der Begriff bedeutet „Gedichtsammlung".

mystischen Sinn übertragen gedeutet. So wurde z. B. das Berauschtsein durch Weingenuss allegorisch verstanden, im wirklichen Leben galt es jedoch als unerwünscht.

Goethe stand in Distanz zur christlichen Lehrmeinung, und genauso sah er auch Hafis in poetischer Freiheit gegenüber dem Islam. Einige islamische Glaubenssätze teilte Goethe erkennbar, wie z. B. die Einheit Gottes in Abgrenzung zur christlichen Trinitätslehre. Auch in anderen Werken Goethes ist erkennbar, dass seine religiöse Vorstellungswelt von einem philosophischen Monotheismus geprägt war, den er in unterschiedlichen Religionen wiederzuerkennen vermochte. Vor allem aber ging es ihm bei der Wahrnehmung Hafis' um den Ansporn, dem großen persischen Vorbild im poetischen Sinn gleichzukommen.

In den kommenden Jahren vertiefte Goethe sich wieder in orientalische und bibelwissenschaftliche Studien, suchte den Austausch mit der aktuellen Forschung und betrieb Schreibübungen nach arabischen, osmanischen und persischen Vorbildern – freilich ohne diese Sprachen zu beherrschen. Es ging ihm allein um die Magie der unlesbaren Schrift und die Sinnlichkeit des Schreibens.

Hafis-Ausgabe von Goethes Verleger Cotta 1812 (tatsächlich 1814), Titelblatt.

Freies Deutsches Hochstift – Frankfurter Goethe-Museum (Ausführliche Quellenangabe s. Bildnachweis)

11.2.2 Marianne

Auf Goethes Reise 1815 von Thüringen nach Frankfurt – seit siebzehn Jahren war er hier nicht mehr gewesen und würde auch nicht mehr wiederkommen – waren die beiden kleinen Bände von Hafis' Divan seine Reiselektüre. In Frankfurt angekommen, beschloss der in Weimar verheiratete Goethe gleich, sich zu verlieben. Aus dichterischen Gründen suchte er eine schöpferische Grundlage für eine literarische Antwort an Hafis.

Über seinen alten Bekannten, Johann Jakob Willemer, traf Goethe auf Marianne von Willemer, geborene Jung, die Tochter einer österreichischen Schauspielerin. Willemer hatte Marianne und ihre Mutter über das Theater kennengelernt und die Tochter zur Pflege angenommen. 1814 heiratete er Marianne schließlich formell zu ihrer finanziellen Absicherung. Die Familien von Willemer, Goethe, Schlosser und Brentano[9] waren eng befreundet. So

Marianne Jung, spätere von Willemer, Johann Jacob de Lose, 1809, Pastell.

Freies Deutsches Hochstift – Frankfurter Goethe-Museum IV-01163

---
9 Kapitel 10.4.

wurde die junge Marianne in diese Kreise eingeführt. Ihr Gemahl Johann Jakob Willemer war viel älter als sie – Goethe freilich auch. Marianne brachte von Haus aus eine große Begabung für das Theater mit. Eine tiefere Bildung im damaligen großbürgerlichen Sinn erfuhr sie erst durch die Familie Willemer. Mit Clemens Brentano spielte sie Gitarre. Während das Clemens dazu brachte, sich in Marianne zu verlieben, führte sie ihre Gitarrenvirtuosität bis zu einem Auftritt vor der französischen Kaiserin Joséphine. Über den Orient wusste Marianne, mit Ausnahme der „alla turca"-Themen in Musik und Oper, so gut wie nichts, als sie Goethe begegnete.

Literarisches Liebesspiel

Zwischen dem 65-jährigen Dichter und der viel begabten, 35 Jahre jüngeren Marianne entwickelte sich ein leidenschaftliches Rollenspiel. Mariannes schauspielerische Ader verband sich mit Goethes orientalischer Leidenschaft. Nach Vorbildern Hafis' entstand ein Liebesdialog zwischen Goethe und Marianne, der nach dem letzten Zusammensein im Herbst 1815 in Briefen fortgesetzt wurde. Bis dahin gab es eine ganze Reihe von Begegnungen, z. B. im Gartenhaus der Familie Willemer auf dem Mühlberg in Sachsenhausen, wo sie gemeinsam den Jahrestag der Völkerschlacht bei Leipzig[10] begingen, oder auf der Gerbermühle bei Oberrad.

Die Familie Willemer hatte die alte Mühle gepachtet und zu ihrem Sommersitz ausgebaut. Im Jahr 1815 hielt sich Goethe längere Zeit auf der Gerbermühle auf und feierte auf dem Anwesen auch seinen 66. Geburtstag.

Vermutlich dort verfasste Goethe sein berühmtes Gedicht Ginkgo biloba und schickte es, mit zwei Ginkgoblättern verziert, an Marianne von Willemer. Es beschwor den Zauber des Zweigeteilten, das sich doch vereinen will, und fand schließlich Aufnahme in den West-östlichen Divan.

Ein Teil des poetischen Liebesdialogs im späteren West-östlichen Divan Goethes war also wirklicher Dialog: Der „Hatem" des Divans war Goethe, die „Suleika" Marianne. Einige der schönsten Liebesgedichte stammten aus der Feder Marianne von Willemers, und

Willemerhäuschen; klassizistisches Gartenhaus der Familie von Willemer am Hühnerweg, Sachsenhausen; Treffpunkt von Marianne von Willemer und Goethe; nach Kriegszerstörung Wiederaufbau 1964.

Foto: Holger Wilhelm

---

10 Die Völkerschlacht bei Leipzig im Oktober 1813 war die entscheidende Schlacht der Verbündeten Russland, Preußen, Österreich und Schweden gegen die Truppen Napoleons. Zum ersten Jahrestag 1814 wurden an vielen Orten Gedenkfeiern mit Freudenfeuern ausgerichtet, so auch in Frankfurt.

Blick auf Frankfurt von der Gerbermühle aus, Grußkarte mit Versen Goethes (aus dem Besitz von Rosina Städel, geb. Willemer), 1816, Federzeichnung, braun laviert, mit Gedicht.

Freies Deutsches Hochstift – Frankfurter Goethe-Museum III-14967

Blick über den Main zur Gerbermühle, Carl Theodor Reiffenstein, 1862, Aquarell.

historisches museum frankfurt C09323, Foto: wikimedia commons/ gemeinfrei

Mainuferansicht der Frankfurter Seite, Mainkai [Ausschnitt], Carl Friedrich Mylius, um 1860, Albuminabzug; der Bildausschnitt zeigt in der Mitte das stattliche Anwesen der Willemers, das vom Mainkai bis zur Mainzer Gasse reichte.

historisches museum frankfurt Ph00135, Foto: Horst Ziegenfusz

Faksimile einer Goethe-Handschrift seines Gedichtes Ginkgo biloba, verziert mit zwei Ginkgo-Blättern; das Original sandte Goethe im Jahr 1815 an Marianne von Willemer.

Willemerhäuschen,
Foto: Holger Wilhelm

Marianne von Willemer, Atelier von Steinberger & Bauer, 1858, Fotografie, Aufnahme retuschiert und übermalt.

Freies Deutsches Hochstift – Frankfurter Goethe-Museum
III-13741

Goethe fügte sie bei seinem Versuch, Leben in Poesie zu verwandeln, in den Zyklus ein. Die Urheberschaft Mariannes wurde freilich erst posthum bekannt.

11.2.3 Goethes Divan

Die intensive persönliche Beziehung zwischen Goethe und Marianne von Willemer brach Goethe schon im Jahr danach ab und Marianne wartete vergeblich auf seinen Besuch. Auf brieflicher Ebene fanden die beiden wieder zueinander und blieben Zeit Lebens in Kontakt. Goethe wollte nun das Erlebte in Poesie umwandeln und arbeitete mit Nachdruck am West-östlichen Divan, zu dessen Erläuterung er auch die geschichtlichen Hintergründe der Zeit Hafis' gründlich erforschte. Schließlich wurde das Werk 1819 fertig.

Beim äußeren Erscheinungsbild suchte Goethe den verbindenden west-östlichen Charakter durch besondere Sorgfalt beim Schriftbild auszudrücken, so wie in orientalischen Kulturen die Schrift als höchste gestalterische Kunstform galt. Ein druckfrisches Exemplar sandte Goethe sofort an Marianne, die schon in Vorabdrucken aus Goethes Hand ihren urheberischen Anteil erkannt hatte, diesen aber bis kurz vor ihrem Tod verschwieg. Marianne von Willemer starb 1860 in Frankfurt hochgeehrt und geschätzt. Johann Wolfgang

Goethe starb 28 Jahre vor ihr in Weimar. Die beiden hatten sich nicht noch einmal persönlich gesehen.

Die Gedichte des Divans wurden von verschiedenen berühmten Komponisten vertont – unter ihnen Franz Schubert, Robert Schumann, Felix Mendelssohn-Bartholdy und Richard Strauss. Vorbild waren dabei die Vertonungen von Suren und Psalmen im islamischen bzw. jüdischen Gebet. Daniel Barenboim, der Generalmusikdirektor der „Staatsoper Unter den Linden" in Berlin, nannte 1999 sein Ensemble junger Musiker aus dem Nahen Osten nach Goethes Werk. Das „West-Eastern Divan Orchestra" engagiert sich im Zusammenspiel von israelischen und arabischen Musikern für die Vision eines friedlichen Nahen Ostens[11]. Im Jahr 2000 wurde am Beethovenplatz in Weimar ein Hafıs-Goethe-Denkmal enthüllt. Zwei Stühle aus Granit stehen sich west-östlich ausgerichtet gegenüber und versinnbildlichen den Dialog der Kulturen. Bei der Enthüllung war der damalige iranische Präsident Khatami anwesend.

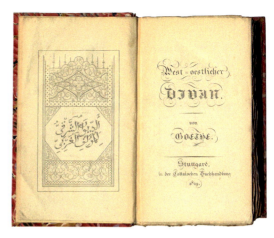

West-östlicher Divan, Johann Wolfgang von Goethe, Stuttgart, Cotta, 1819, Titelblatt; die von Arabesken umgebenen arabischen Buchstaben auf der linken Seite bedeuten „der östliche Divan vom westlichen Verfasser".

Freies Deutsches Hochstift – Frankfurter Goethe-Museum

Das im Jahr 2000 eingeweihte Hafıs-Goethe-Denkmal am Beethovenplatz in Weimar.
Foto: Maik Schuck, weimar GmbH

---

11 www.west-eastern-divan.org.

Orte des Geschehens

Darstellungsgrundlage: Schrägluftbilder 2014, Ausschnitt; Geobasisdaten: © Stadtvermessungsamt Frankfurt am Main; © Hessische Verwaltung für Bodenmanagement und Geoinformation; Lizenznummer 623-3215-D

❶ **Goethehaus**
Großer Hirschgraben 23, barockes Wohnhaus in der Form nach dem Umbau von 1756, Wiederaufbau kurz nach dem 2. Weltkrieg unter Verwendung originaler Teile im Erdgeschoss; viele Einrichtungsgegenstände haben durch Auslagerung den Krieg überstanden – Das Haus Zu den drei Leiern war bis 1795 Wohnsitz der Familie Goethe. Hier wurde Johann Wolfgang 1749 geboren; im Giebelzimmer des 3. Stocks erlebte und verarbeitete er seine frühe Faszination für den Orient. 1775 verließ er Frankfurt und kam nur noch zu kurzen Besuchen zurück. Das Haus wurde nach dem Tod des Vaters von der Mutter verkauft. [Kapitel 11.1]

❷ **Ehemaliger Standort des Hauses Zum Roten Männchen**
Mainkai 36, nahe dem Fahrtor am Durchgang zur Alten Mainzer Gasse – Das äußerst großzügige barocke Stadthaus war Sitz der Familie Willemer. Es wurde im 2. Weltkrieg zerstört. [Kapitel 11.2]

Gerbermühle
(außerhalb der Innenstadt, s. Rundgang „Im weiteren Stadtgebiet")
Oberrad, Gerbermühlstraße 105, alte Mühle und Gerberei, von der Bankiersfamilie Willemer 1785 zum Sommersitz umgebaut, starke Kriegszerstörung, Wiederaufbau in den 70er-Jahren und nach 2001 – Die Gerbermühle war Ort zahlreicher Begegnungen zwischen Marianne von Willemer und Johann Wolfgang Goethe, auch der Feier zu seinem 66. Geburtstag 1815. [Kapitel 11.2]

Willemerhäuschen
(außerhalb der Innenstadt, s. Rundgang „Im weiteren Stadtgebiet")
Sachsenhausen, Hühnerweg 74, klassizistisches Gartenhaus aus dem frühen 19. Jh., Rekonstruktion nach Kriegszerstörung – Das Häuschen im Besitz der Familie Willemer war Treffpunkt von Marianne und Johann Wolfgang Goethe. [Kapitel 11.2]

12 Die Fulder Börse

12.1 Arbeitsmigration des 19. Jahrhunderts

Der massenhafte Zuzug von Arbeitskräften in der Zeit kurz vor und während der Industrialisierung im 19. Jahrhundert markiert sicher einen weiteren Punkt intensiver Erfahrung mit der Aufnahme „fremder" Menschen. Diesmal kamen sie nicht, wie z. B. die Niederländer[1], aus dem sprachlich-kulturellen Ausland, sondern aus den verarmten ländlichen Regionen Deutschlands. Jüngere Untersuchungen zur Herkunft der Frankfurter Dienstmädchen im 19. Jahrhundert zeigen, dass sie nicht nur aus der näheren Umgebung stammten, sondern ein Großteil von weiter her nach Frankfurt kam[2]. In derselben Zeit wanderten viele nach Amerika aus, auch aus Frankfurter Vororten.

Arbeitsleute aus der Gegend von Fulda, die im Sommer in Frankfurt Arbeit suchen, Jakob Fürchtegott Dielmann/F. C. Vogel, 1835, Lithografie; die Männer in der Mitte und rechts haben ihre Dreschflegel dabei; die Dienstmagd links kommt mit Kind.

Privat, Foto: Holger Wilhelm

---

1 Kapitel 6 u. 7.
2 Ein literarischer Beleg sind die berühmten Heidi-Romane der Schweizerin Johanna Spyri (1880/81). Darin hat Heidis Tante Dete eine Stellung in Frankfurt und holt Heidi in das reiche bürgerliche Haus der Sesemanns, wo sie der gehbehinderten Klara Gesellschaft leisten soll. Hier kommt eine Frankfurter Dienstmagd aus der Schweiz.

Menschen aus der Kinzig-Region bis hinauf nach Fulda haben schon seit jeher in Frankfurt Arbeit gesucht. Katholische Tagelöhner aus Fulda gehörten zum gewohnten Bild des 19. Jahrhunderts, wurden aber durchaus als sehr fremd empfunden. Sie glaubten anders und waren durch ihren Dialekt kaum zu verstehen. In der Stadt wurden die Arbeitssuchenden aus Fulda als ungebildet und grobschlächtig verunglimpft. Die Herkunftsbezeichnung „Fulder" wurde weitläufig zu einem Schimpfwort.

Zudem standen die jungen Leute wie viele andere unter dem Pauschalverdacht, sich möglicherweise an „demokratischen Umtrieben" zu beteiligen. Die diesbezügliche Empfindlichkeit der städtischen Behörden war in der Metternichzeit zwischen dem Wiener Kongress 1815 und dem Frankfurter Paulskirchenparlament 1848 hoch. Klemens Fürst Metternich war nach Napoleons Untergang als österreichischer Außenminister und Staatskanzler die treibende Kraft bei der Wiederherstellung der alten Fürstenherrschaft in Europa. Auch in Frankfurt waren 1816 die Verhältnisse fast so wiederhergestellt worden wie zur reichsstädtischen Zeit vor Napoleon[3]. Nur kamen jetzt noch Elemente eines Überwachungsstaates dazu.

Staatsrechtlich waren die „Fulder" Ausländer

Die Kleinstaaterei in Deutschland und anderen Teilen Europas prägte den Begriff des „Ausländers" vor allem rechtlich. In Frankfurt z. B. kamen schon die Bockenheimer aus einem anderen Land, nämlich aus der Grafschaft Hanau. Sie waren in ihren Rechten in der Stadt genauso beschnitten wie ein Engländer oder Italiener. Erst die Bildung von Nationalstaaten Ende des 19. Jahrhunderts hat den Begriff des Ausländers so geprägt, wie wir ihn heute kennen: als sprachlich und kulturell fremden Menschen. Bis dahin war eher entscheidend, dass die Menschen im Tagelohn und im Dienstbarkeitsbereich nach der Metternich'schen Wiederherstellung der alten Verhältnisse in aller Regel „Fremdenstatus" hatten und kein Bürgerrecht[4] besaßen.

Die Saisonarbeiter aus dem Fuldaer Raum hatten denselben Status. Die Männer verdingten sich in Frankfurt oder in umliegenden Orten zum Dreschen und für andere Landarbeiten. Auf der

---

3 Vgl. den neuen Bürgereid, Kapitel 3.1.
4 Kapitel 3.1.

Versammlungsplatz der Fulder Landgänger auf der Zeil bei der Konstablerwache, Illustrierte Zeitung 15. März 1856, Ausschnitt.

Institut für Stadtgeschichte
S3/8299

Konstablerwache hatte sich eine regelrechte „Börse" für entsprechende Tagelöhner gebildet. Die Frauen arbeiteten bei den reichen Städtern als Dienstmädchen.

Für die Stadt und Region waren sie billige und willige Arbeitskräfte, die als rechtschaffen und fleißig galten. Für ihre Heimatfamilien brachten sie im Vergleich zu den Bedingungen auf dem Land gutes Geld nach Hause. Es war also nicht anders als bei der Arbeitsmigration unserer Tage, nur dass die zu überwindenden Distanzen mit der Zeit immer größer wurden. Heute kommen unsere temporären Arbeitskräfte z. B. aus Polen und Rumänien.

Trotz der örtlichen Nähe wird man die Fulder Drescher und Dienstmädchen eher mit saisonalen Gastarbeitern als mit Pendlern[5] vergleichen können. Denn diese Menschen verließen für mehrere Monate, Dienstmädchen und -boten ggf. für immer ihre Heimat, in der sie wirtschaftlich keine Zukunft hatten. Nicht wenige hofften auf eine glückliche Liaison in der Stadt, um finanziell besser abgesichert zu sein, als es zu Hause erreichbar gewesen wäre. Zugleich hatten sie an ihrem vorübergehenden Wohn- und Arbeitsort einen niedrigen sozialen bzw. rechtlichen Status.

---

5 Erst mit dem Bau einer Eisenbahn von Bebra bis Hanau und später Frankfurt gab es tägliche Pendler: in der Regel Scharen von Männern und Frauen, die in Frankfurt allerlei Nahrungsmittel vom Lande feilboten, oft für eine feste Kundschaft.

Die große Zahl an bildungsfernen Menschen im Dienstleistungsbereich, meist junge unverheiratete Leute, sorgte für viele uneheliche Kinder und moralische Debatten um Sex vor der Ehe – auf dem Land genauso wie in der Stadt. Verschiedene Einrichtungen, wie Sparkassen und Hilfsvereine[6] sowie Unterkünfte für stellungslose Dienstmädchen, suchten der wachsenden Not abzuhelfen. Wir sprechen hier auch von der Zeit, als die Bevölkerung der Frankfurter Altstadt verarmte: Die begüterten Bürger zogen in die neuen Wohnviertel außerhalb der niedergelegten Stadtmauern oder direkt an den neuen Wallanlagen. Die alten Häuser der Altstadt wurden mit armen Bevölkerungsschichten überbelegt und verkamen zusehends. Die reichen Besitzer kümmerten sich nicht mehr um ihre alten Stammhäuser.

12.2 Beda Weber, katholischer Stadtpfarrer und Begründer einer neuen Großstadtseelsorge

In dieser Zeit wurde Beda Weber zum katholischen Stadtpfarrer von Frankfurt berufen. Dieses Amt hatte er von 1848 (1849) bis zu seinem Tod 1858 inne.

Weber wurde 1798 in Lienz, Osttirol, geboren. Er war Theologe, Stadtpfarrer, Parlamentarier und Schriftsteller. Das Gymnasium besuchte er in Bozen, es gab zwei Studienaufenthalte in Innsbruck. Auch weitere Lebensstationen, wie der Eintritt in das Benediktinerstift Marienberg/Tirol und eine gymnasiale Lehrtätigkeit in Meran, verbanden ihn mit Tirol.

Als Beda Weber 1848 das Amt des Stadtpfarrers in Frankfurt antrat, war die Lage der katholischen Kirche desolat. Nach dem Reichsdeputationshauptschluss 1803 hatten die Kirchen ihre äußere Machtstellung und viele Kirchengüter verloren. Frankfurt war ohnehin für eine katholische Gemeinde kein gutes Pflaster. Die protestantische Stadt hatte die Katholiken geduldet – um der Kaiserwahlen willen. Diese gab es jetzt nicht mehr. Die Katholiken fühlten sich der Bedeutungslosigkeit preisgegeben. Man liest aber auch von Klagen

Beda Weber, Lithographie von Adolf Dauthage, 1853.

Albertina, Wien, Foto: wikimedia commons/gemeinfrei

---

6 Z. B. die Polytechnische Gesellschaft, die u. a. 1822 eine Sparkasse gründete, damit die armen Saisonarbeiter etwas Geld zur Seite legten und nicht alles Geld für Alkohol ausgaben.

über allgemeine Abkehr von der Kirche und dass viele Katholiken es nicht so ernst mit ihrer Religion genommen hätten.

Ein neues Antlitz für die katholische Kirche

Weber widmete sich einer ganzen Reihe von sozial-karitativen Projekten bzw. rief diese neu ins Leben, förderte sie. So entstanden z. B. eine Kleidersammlung für verarmte Kinder, es gab Bildungs- und Unterkunftsangebote für Mädchen und eine Bücherei, die unentgeltlich „gute" Bücher zur Verfügung stellte. Schon Weber beklagte den Unterschied zwischen Menschen, die mit der angebotenen Hilfe ihr Leben wieder auf eigene Beine stellen wollten und konnten, und solchen, die soziale Hilfsmaßnahmen ausnutzten. Er plädierte sehr für Hilfe zur Selbsthilfe und lobte die Spendenbereitschaft der Frankfurter.

Tobias Picard vom Institut für Stadtgeschichte erläutert zu dieser Zeit: Die Frankfurter katholische Gemeinde des 19. Jahrhunderts galt als „Dienstbotengemeinde". Sie bestand überwiegend aus jungen, armen Menschen des näheren oder weiteren Umlands, die ohne Bürgerrecht nur einen zeitlich begrenzten Aufenthaltsstatus in Frankfurt hatten. Das waren vor allem Dienstmädchen und Tagelöhner – natürlich nicht nur aus dem Fuldaer Raum, aber diese waren von Haus aus katholisch. Wenn sich Beda Weber um diese Bevölkerungsgruppen besonders gekümmert hatte, dann hatte er damit zugleich den zahlenmäßig größten Teil seiner Gemeinde erreicht.

Neben den karitativen Neuerungen widmete sich Weber auch einer intensiven Seelsorge und einer hochwertigen Gottesdienstgestaltung sowie der Renovierung des Domes. Für die Dienstboten richtete er spezielle Frühgottesdienste ein und kümmerte sich persönlich um den Religionsunterricht und die Krankenmessen im Heiliggeistspital. Er wurde so zum Wegbereiter moderner Großstadtseelsorge.

Weber war ein streitbarer und umstrittener Kirchenmann

Beda Weber war in der Zeit des Frankfurter Paulskirchenparlaments kirchenpolitisch sehr aktiv. Er konnte polarisieren und vertrat offenbar auch umstrittene Standpunkte.

Herrmann Dechent[7] beschrieb Weber als z. T. derben Redner. Mit seinen politischen Kontakten zu katholischen Abgeordneten im Paulskirchenparlament bewegte sich Weber in einem Umfeld, aus dem später die Zentrumspartei entstand. Man traf sich im Steinernen Haus[8]. In der 1848er-Revolution wurde die politische Forderung nach der Trennung von Kirche und Staat laut, die auf eine Entmachtung der Kirchen zielte. Breite Strömungen in der katholischen Kirche reagierten darauf mit dem Anspruch, dass bei vollständiger Trennung von Kirche und Staat das Papsttum uneingeschränkten Zugriff auf die katholische Kirche haben müsse und keine weltliche Macht in kirchliche Dinge eingreifen dürfe. Die Kirche sollte quasi als Staat neben dem Staat etabliert werden. Weber stand dieser als „Ultramontanismus"[9] bezeichneten Richtung sehr nahe, die ihren Gegnern bisweilen als antidemokratisch und antimodern galt. Die entsprechenden Auseinandersetzungen wurden in der zweiten Hälfte des 19. Jahrhunderts heftiger; eine Zeit, die Weber nicht mehr erlebt hat.

Die Zeitgenossen sahen Beda Weber als streitbaren Katholiken, der aber jederzeit um faire Darstellungen bemüht war. Zur Klarstellung katholischer Standpunkte in den oft hitzigen Debatten der Paulskirchenära gründete Weber eine eigene katholische Zeitschrift. Zur inneren Erbauung der Gemeinde holte er Jesuiten nach Frankfurt, die bei den Protestanten zunächst hoch umstritten waren, aber mit der Zeit an Achtung gewannen.

Insgesamt gelang es Beda Weber, der katholischen Gemeinde in Frankfurt wieder zu einem gesunden Selbstwertgefühl zu verhelfen und ihr Ansehen in der Stadt erheblich zu verbessern. Zugleich pflegte er einen achtungsvollen Umgang mit den anderen christlichen Konfessionen und dem Judentum. Große Unterstützung erhielt er durch den Senior seiner Gemeinde, Sebastian Rinz. Dieser war in der Stadt hoch angesehen, hatte er doch als Garten- und Landschaftsplaner die Gestaltung der Frankfurter Wallanlagen nach Niederlegung der Befestigungsanlagen geleitet.

Nicht zuletzt blieb der ehemalige Tiroler Beda Weber seiner Heimat verbunden, z. B. mit Spendenaktionen nach dortigen Erdrutschen oder mit Tirol betreffenden Eingaben beim Paulskirchenparlament. Beda Weber ist in Frankfurt ein Einwanderer geblieben. Er hatte

---

7 Dechent, Frankfurter Kirchengeschichte, s. Literaturverzeichnis.
8 Kapitel 10.1.
9 Diese Bezeichnung des papsttreuen politischen Katholizismus des 19. Jahrhunderts bezieht sich auf die Haltung gegenüber dem Papst „jenseits der Berge" (Alpen), lateinisch „ultra montes".

sich hier stets für die vielen katholischen Gemeindeglieder stark gemacht, die wie er auf unterschiedliche Weise Einwanderer waren.

Orte des Geschehens

Darstellungsgrundlage: Schrägluftbilder 2014, Ausschnitt; Geobasisdaten:
© Stadtvermessungsamt Frankfurt am Main;
© Hessische Verwaltung für Bodenmanagement und Geoinformation;
Lizenznummer 623-3215-D

❶ Konstablerwache
Der heute unmäßig große Platz lässt nach Durchbruch der Ostzeil 1881 und der Nachkriegs-Autostraßen Konrad-Adenauer- und Kurt-Schumacher-Straße die alten Straßenzüge kaum noch erahnen – Hier trafen sich die Tagelöhner aus dem Raum Fulda, um sich bei umliegenden Bauern und Großgrundbesitzern zu verdingen; der heutige „Tagelöhnerstrich" Frankfurts für einfache Arbeiten liegt an der Hanauer Landstraße. [Kapitel 12.1]

❷ Dom
Wirkungsort von Stadtpfarrer Beda Weber von 1848-1858 – Weber kümmerte sich intensiv um die vielen katholischen Saisonarbeiter, Dienstmädchen und Dienstboten seiner Zeit, die einen großen Teil seiner Gemeinde ausmachten und sozial wie rechtlich unterprivilegiert waren. [Kapitel 12.2]

❸ Dompfarramt
Domplatz 14, Bau von 1907 – Etwas östlich des heutigen Dompfarramtes lag die alte Domdechanei (Abbruch Ende des 19. Jh.), die vermutlich der Amtssitz von Beda Weber war. [Kapitel 12.2]

137

13 Die Exotik des Fremden – Das Thema dieses Buches noch einmal anders betrachtet

13.1 Romantischer und überheblicher Blick

Mit der Jüdischen Gemeinde[1] Frankfurts sowie mit den niederländischen Glaubensflüchtlingen[2] erlebten die Frankfurter „fremde" Menschen in größerer Zahl. Nicht wirklich Teil der einheimischen Gesellschaft waren auch die vielen Bediensteten mit Fremdenstatus[3]. Abgesehen von der niederländischen Einwanderungswelle kamen nie viele Fremde gleichzeitig in der Stadt an. Mit der Zeit wuchsen jedoch auch andere Einwanderungsgruppen zahlenmäßig zu bedeutender Größe, wie z. B. die der italienischen Händler[4].

Vereinzelt sah man Menschen aus einer ganz anderen Kultur oder Weltgegend. Dann waren die ersten neugierigen Reaktionen etwa auf die osmanische Gesandtschaft[5] oder die ersten Schwarzafrikaner wohl kaum anders, als wenn zu Messezeiten allerlei Exotisches zur Schau gestellt wurde. Der kulturelle Entwicklungsstand eines Menschen aus fernen Ländern wurde selten angemessen eingestuft. Was nicht europäisch war, war „barbarisch". Mit großer Selbstverständlichkeit wurde die eigene Kultur höher bewertet. Fremde, Fremdes oder ungewöhnliche Zeitgenossen, wie etwa

Ansicht des abgebrochenen Hauses Zum Vogel Strauß, Ecke Buchgasse und Schüppengasse, unbekannter Zeichner, vor 1900.

historisches museum frankfurt C12109, Foto: Horst Ziegenfusz

1 Kapitel 3.2 u. 4.
2 Kapitel 6 u. 7.
3 Kapitel 3.1 u. 12.
4 Kapitel 10.3 u. 10.4.
5 Kapitel 5.1.

Kleinwüchsige, blieben über viele Jahrhunderte eine Attraktion, auf die man geringschätzig herabblickte.

Exotisch wie der Vogel Strauß

Eine im Straßenbild sichtbare Erinnerung an die exotischen Vorführungen während der Messezeiten ist das Haus Zum Vogel Strauß. Das vornehme Patrizierhaus stand einst an der Südwestecke Schüppengasse/Buchgasse. Es ist 1896 für den Durchbruch der Bethmannstraße abgebrochen worden und beherbergte 1521 auch Martin Luther auf dem Weg zum Reichstag in Worms. Der Strauß an der Wand ziert heute eine Mauer an der Bethmann-Bank. Wie kam das Haus zum Namen? Das Bild selbst nennt eine Straußen-Schau mit folgendem Text:

Wandbild zum Vogel Strauß an der Bethmannbank heute.

Foto: Holger Wilhelm

  „Ein Strauss war anderthalb Jahr alt
  In Gröss und Form gleich dieser Gestalt
  Aus Tunis dem Barbarienland
  Ward uns seit Anno 1577 bekannt"

Dazu finden sich unten links im Bild die Datierungen 1577-1896: vom Ereignis bis zum Abriss des alten Hauses – 1896-1944: Anbringung des alten Bildes an der schließlich im 2. Weltkrieg zerstörten Bethmann-Bank – 1973: Wiederherstellung des Bildes an heutiger Stelle.

Der Frankfurter Chronist Lersner schrieb um 1700[6]:

  „1577. Im Julio ist allhier ein Strauß ums Geld zu sehen gewesen / anderthalb Jahr alt / noch lebendig / in der Barbarei jung gefangen / war vier und ein viertel Franckfurter Ellen hoch und drey weniger ein Viertel lang / von Farb ganz Asch grau. Dieser stehet abgemalet an dem Hauß auf dem Kornmarck zum Strauß genannt."

Mit Fremdheit ließ sich Geld verdienen

Weitere Berührungen mit Menschen und Dingen nichteuropäischer Herkunft besaßen Seltenheitswert und allen haftete das Exotische an – zugleich wurde gut daran verdient:

In summarischen Berichten zur Messe schilderte Lersner[7] exotische Ausstellungsobjekte zur Belustigung der Messebesucher: *„1443. In diesem Jahr ist ein lebendiger Elephant zu Franckfurt gesehen worden."*

Catharina Helena Stöber gebürtig aus Nürnberg 16 ½ Jahr alt und nur 2 Schuh und 4 Zoll hoch, auf der Frankfurter Herbstmesse, Johannes Esaias Nilson, 1775, Kupferstich.

historisches museum frankfurt
C01712, Foto: Horst Ziegenfusz

---

6 Lersner, Chronik II. Teil, 1. Buch, S. 820 (korr. 800), s. Literaturverzeichnis.
7 Lersner, Chronik I. Teil, 1. Buch, S. 429, s. Literaturverzeichnis.

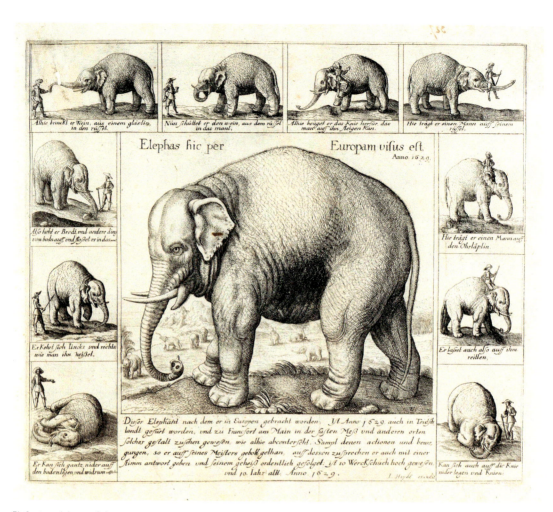

Elefant, welcher auf der Frankfurter Fasten-Messe gezeigt wurde, J. Heyde nach Wenzel Hollar, 1629, Kupferstich.

historisches museum frankfurt
C00489, Foto: Horst Ziegenfusz

Weitere Male berichtete Lersner von Elefanten in den Jahren 1473 und 1629, im Jahr 1646 von dem kunstvollsten: Zur Herbstmesse habe man einen Elefanten gesehen, der so abgerichtet war, dass er mit seinem „Schnabel" den Leuten einen Eimer Wasser vorsetzen konnte, um sich zu waschen. Weiter konnte er einen Hut von seinem Kopf nehmen, mit einem Besen kehren, mit dem Degen fechten, ein Rohr losdrücken, Feuer geben, einen Pfennig von der Erde aufheben und allerlei mehr.

So geht es munter weiter mit verschiedenen Belustigungen, von denen Lersner erzählte. Dabei mischen sich Zurschaustellungen von „exotischen" Menschen und Tieren, als gäbe es hier keinen Unterschied: „1532. In der Oster-Meß ist ein lebendiger Pelican allhier zu sehen gewesen." 1556 eine Frau ohne Hände, 1588 Seiltänzer, 1613 ein Riese, 1631 eine Schafsmissgeburt, 1700 Komödianten, 1701 Bären- und Ochsenhetze.

Eine wunderbare Beschreibung all der exotischen Dinge findet sich exemplarisch bei Lersner über das Jahr 1657:

„Sonsten ist in dieser Meß zu sehen gewesen, in einer Hütten am Mayn ein Fabian, so zierlich auff dem Seil getanzet und andere künstliche Lufftspring gemacht, ein Wagen so von sich selbsten fortgegangen durch ein Rädlein, und dann ein groß Thier Moument genant, von Art eines Affens, in Grösse eines Kalbs, mit einer Licht- blauen Nasen, die Naßlöcher roth und von Haaren wie eine Meerkatze; ... Im Nürnberger Hof waren allerhand schöne zusammen gebrachte Raritäten aus Asia, Africa, America und andere künstliche Sachen zu sehen / so wohl sehenswürdig gewesen. ... Am Mayn waren zu sehen ein Mägdlein von 12. Jahren so zweyhundert sechzehn Pfundt gewogen, ein lebendiger Pelican, ein junger lebendiger Strauß, in einer andern Hütten, zehen Papageyen deren etliche geredet, viel Affen und Fabians so theils zierliche Spring gemacht, das fürnehmste aber, so in dieser Hütte zu sehen, waren sieben Indianische Pferdtlein das größte darvon anderthalb Ehlen hoch, diese sprangen durch die Reiffe und machten noch andere schöne Spring mehr; ..."

Zitierte Seite aus der Lersner-Chronik, II. Teil, 1. Buch, Seite 564 f. über das Jahr 1657.

Institut für Stadtgeschichte LS/ NR 40601/03-1 (Ausführliche Quellenangabe s. Bildnachweis)

Exotisches war und blieb schick

Barock und Rokoko liebten exotische Motive, insbesondere aus Ostasien. Ein Beispiel sind die China-Tapeten im großen Salon des Goethehauses, aber auch die „Turquerien" während der langen Zeiten der Türkenkriege[8]. Frankfurter Kaufleute sammelten Exoti- sches aus Afrika und Asien, was die Sammler-Ausstellungen des Historischen Museums noch heute bewahren. Nur wenige mach- ten aber wirkliche Bekanntschaft mit fremden Kulturen anderer Erdteile. Ausnahme bleibt die tägliche Begegnung mit der Jüdi-

---

8 Kapitel 5.1; „Turquerien" vgl. Kapitel 11.1.

schen Gemeinde. Sie wurde, solange noch im Ghetto eingeschlossen, tagsüber zur Touristenattraktion – eben um ihrer „Exotik" willen. Zu Goethes Zeiten waren die drei wichtigsten Besuchsziele für Reisende: der Dom als Krönungsort der deutschen Könige und Kaiser, der Römer und die Judengasse.

13.2 Wachsende wirtschaftliche Überlegenheit Mitteleuropas

Im Stadtarchiv sind noch heute Ratifikationen der Hohen Pforte[9] aus den Jahren 1841 und 1862 vorhanden, die Handelsverträge zwischen dem Osmanischen Reich[10] und dem Deutschen Zollverein zum Gegenstand haben. Frankfurt war damals Sitz des Deutschen Bundes und als Freie Stadt noch einmal für einige Jahrzehnte politisch selbstständig. Es war seit 1836 Teil des preußisch geführten Deutschen Zollvereins. Inhalt der Verträge mit dem Osmanischen Reich waren Handelszölle und die Besteuerung von finanziellen Verbindlichkeiten. Dazu kamen Regelungen von Rechten, Privilegien, Immunitäten und Verpflichtungen von deutschen Händlern, die ins Osmanische Reich reisten oder dort residierten. Der preußische Staat war schon mit Handelsverträgen mit der Hohen Pforte vorangegangen; die Staaten des Deutschen Zollvereins folgten ihm nun nach. So wurde im Vertrag von 1840 (Ratifikation 1841) ein preußisch-türkischer Vertrag von 1761 bekräftigt. Der Vertrag von 1862 präzisierte noch einige Regelungen.

Ziel der Verträge war eine Vertiefung und Vereinfachung der Handelsströme zwischen den Partnern in Deutschland und dem Osmanischen Reich. Deutsche Händler bekamen im Osmanischen Reich freie Hand, Waren und landwirtschaftliche Produkte zu kaufen und zu transportieren bzw. zu exportieren. Die Hohe Pforte sicherte zu, gegen interne Handelsbehinderungen vorzugehen, die offenbar durch einzelne lokale Wesire verursacht worden waren.

Handelsvertrag zwischen dem Deutschen Zollverein und dem Osmanischen Reich 1862, Einband und Siegel.

Institut für Stadtgeschichte
Verträge 436,
Foto: Holger Wilhelm

---

9 So wurde der Regierungspalast des Osmanischen Reiches in Konstantinopel bezeichnet.
10 Kapitel 5.1.1.

Deutsche, die Waren im Osmanischen Reich wiederverkauften, wurden den dortigen Bürgern gleichgestellt. Es wurden Ein- und Ausfuhrzölle für die türkischen Hafenstädte festgelegt und Durchfahrtsregelungen für Bosporus und Dardanellen vereinbart. Ebenso wurde die Bestellung gemeinsamer Kommissionen zur Überprüfung der finanziellen Regelungen beschlossen. Die Verträge sind im Original in türkischer Sprache mit arabischer Schrift verfasst. Eine französische Übersetzung ist jeweils beigefügt.

Die wirtschaftliche Schieflage war nicht zu übersehen

Die Handelsverträge ermöglichten vor allem eine umfangreiche Handelsaktivität deutscher Händler im Osmanischen Reich. Sie förderten den Export europäischer Waren, darunter auch Industriegüter, in das Osmanische Reich sowie den Import osmanischer Waren nach Deutschland. Handelsaktivitäten osmanischer Händler in Deutschland fanden keine Berücksichtigung. Die Verträge zeugen also von einer deutlichen Schieflage: Die deutsche Seite nutzte die politisch und wirtschaftlich desolate Lage des Osmanischen Reiches zum eigenen Profit aus. Das Osmanische Reich wurde Absatzmarkt deutscher Technologieprodukte sowie Quelle billiger Rohstoffe und Handwerksprodukte. Es befand sich in dieser Zeit im deutlichen Zerfall, zerrissen von inneren Konflikten und dem territorial wachsenden Machtanspruch Russlands ausgeliefert. Die westeuropäischen Mächte waren sich einig, dass das Osmanische Reich mit seiner immensen Ausdehnung nicht untergehen dürfe. Sein völliger Zerfall hätte Russland sehr in die Hände gespielt. Daher stützten Staaten wie England, Frankreich und auch der Deutsche Bund das Osmanische Reich, freilich mit einem klaren Blick auf die eigenen wirtschaftlichen und geostrategischen Interessen.

Handelsvertrag zwischen dem Deutschen Zollverein und dem Osmanischen Reich 1862, Innenseiten mit der Tughra, dem Namenszug des Osmanischen Sultans.

Institut für Stadtgeschichte
Verträge 436,
Foto: Holger Wilhelm

Außen- und Innenansicht der alten Frankfurter Börse,
Jakob Fürchtegott Dielmann (Zeichner)/ W. Lang bzw.
E. Höfer (Stecher),
um 1845, Stahlstich; an der Außenseite sind auf Höhe der Fensterbögen die Figuren zu erkennen, die heute an der Neuen Börse stehen, s. S. 145.

historisches museum frankfurt
N56175 bzw. N56176,
Fotos: wikimedia
commons/gemeinfrei

13.3 Europa im Übermut

Die in den Verträgen zutage tretende Überheblichkeit gegenüber dem „kranken Mann am Bosporus"[11], wie man das Osmanische Reich seinerzeit gerne nannte, passt hervorragend zur Darstellung des Orients bzw. Asiens in der Figurengruppe der alten Börse aus gleicher Zeit:

Die Figurengruppe, die heute in der Wandelhalle der Neuen Börse zu sehen ist, stammt von der im 2. Weltkrieg zerstörten alten Börse aus der Mitte des 19. Jahrhunderts. Das erste Frankfurter Börsengebäude wurde 1843 vollendet und stand dort, wo sich heute auf dem Paulsplatz parallel zur Neuen Kräme Außengastronomie befindet. Der Bau öffnete sich nach Westen hin zur Paulskirche.

Die Figuren von Eduard Schmidt von der Launitz, Karl Eduard Wendelstadt und Johann Nepomuk Zwerger stellen die Weltgegenden Europa, Asien (Indien), Afrika, Amerika (Südamerika), Australien und Landhandel (Arabien/Orient) dar. Die siebte Figur „Seehandel" ist offenbar verschollen. Nur Europa ist gebildet dargestellt, hat Technik, Bücher, Globus – und Schuhe – und nimmt mit den Händen eine sinnierende, nachdenkliche Haltung ein. Die anderen Weltgegenden sind als barfuß gehende Naturvölker dargestellt. Es ist eine erschreckend deutliche Darstellung europäischer Überheblichkeit und Selbstüberschätzung gegenüber vermeintlich minderwertigen Völkern.

---

11 Konrad, Von der ‚Türkengefahr' zu Exotismus und Orientalismus, Abschnitt 33, s. Literaturverzeichnis.

Wirtschaftliche Macht paarte sich mit Hochmut

Der Messeplatz Frankfurter hatte durch die napoleonischen Kriege, die folgende Neuordnung Mitteleuropas und die Bildung des Preußischen, später Deutschen Zollvereins an Bedeutung verloren. Ein großer Teil des Handels verlagerte sich auf Handlungsreisende, fand also außerhalb der Messen statt. Aus dem Messehandel heraus hatte sich längst das Börsen- und Bankenwesen entwickelt, dessen Dreh- und Angelpunkt Frankfurt wurde und blieb.

Von den alten Messen blieb in Frankfurt schließlich nur der Jahrmarkt übrig, der immer dazu gehört hatte. So sind Frühjahrs- und Herbst-Dippemess entstanden. Am ehesten gibt heute noch der Weihnachtsmarkt mit seinen hölzernen Verkaufsbuden eine Vorstellung von der Atmosphäre einer Frankfurter Messe. Die erste Erwähnung des Frankfurter Weihnachtsmarktes war schon 1393. An die zur Zeit der alten Messen in den Römerhallen[12] logierenden Goldschmiede erinnert im Advent der Künstlermarkt. Die Wiederbelebung der Messe in unserer Zeit beruht auf dem Wechsel von der Universalmesse zu Fachmessen, wie der Internationalen Automobilausstellung oder der Buchmesse.

In östlicher gelegenen Städten, wie Leipzig oder Frankfurt/Oder, hielt sich der traditionelle Messehandel im 19. Jahrhundert noch in nennenswertem Volumen. In Frankfurt am Main wurde dies in der damaligen Presse gerne so ausgelegt, dass Deutschland mittelalterliche Vertriebswege überwunden habe. Nur an Orten, *„wo noch Käufer aus Ländern tieferer Kulturstufen vorherrschten"*, sei den Messen ein Abglanz ihrer früheren Bedeutung geblieben[13]. Überheblicher kann man Veränderungen im Wirtschaftssystem wohl kaum kommentieren.

Fremde Völker wurden wie Tiere ausgestellt

Von hier ist es nicht weit zu den Völkerschauen im Zoo des ausgehenden 19. Jahrhunderts: Menschen aus den neuen Kolonien wurden wie Tiere im Gehege vorgeführt – mit dem vermeintlichen Argument, damit völkerkundliche Bildung zu betreiben. Dazu ist auf den Internetseiten des Frankfurter Zoos recht positiv zu lesen[14]:

Figurengruppe an der Neuen Börse, hier die Figuren Afrika, Amerika, Europa; Eduard Schmidt von der Launitz, Karl Eduard Wendelstadt, Johann Nepomuk Zwerger, um 1843.

Fotos: Holger Wilhelm

---
12 Kapitel 7.1.
13 Schembs, Messe, S. 64, s. Literaturverzeichnis.
14 www.zoo-frankfurt.de/unser-zoo/geschichte/sonderveranstaltungen/voelkerschauen/

Der Tierhändler Carl Hagenbeck „erfand" 1874 die Völkerschauen, ohne zu wissen, dass es diese früher bereits gab. Er engagierte Menschen aus „seinen Tierfanggebieten", die häufig die Tiertransporte begleiteten, und führte diese als Wanderschauen durch Europa.

Zoos standen diesen Tier- und Volksausstellungen zunächst negativ gegenüber, doch sowohl das Publikumsinteresse als auch das Bestreben, das Bildungsangebot – in dem Fall durch die Verbindung von Tierkundlichem und Völkerkundlichem – zu erweitern, führten zum Umdenken. Die Qualität der Völkerschauen und die Behandlung der Akteure variierten je nach Anbieter sehr stark.

Auch im Zoologischen Garten Frankfurt gastierten zwischen 1878 und 1931 immer wieder Völkerschauen. Je nach Volk und Anbieter variierte die „Schau", doch gewöhnlich sollte den Besuchern das jeweilige Leben nähergebracht werden. Dazu führten die Akteure Volkstänze auf und zeigten ihre Fertigkeiten vor allem in handwerklichen Tätigkeiten, deren Produkte auch zum Kauf angeboten wurden. Die Zoobesucher durften die Dörfer nur zu festgelegten Zeiten gegen Zahlung eines Sondereintritts betreten. Die meisten Völkerschauen, die in Frankfurt gastierten, wurden von Tierhändlern zusammengestellt, mit denen der Zoologische Garten Frankfurt sowieso zusammenarbeitete, und standen im Zusammenhang mit Tiertransporten.

Diese Darstellung muss wohl als verharmlosend bezeichnet werden. In einem Magazin der Körber-Stiftung zum Geschichtswettbewerb des Bundespräsidenten 2014/2015[15] heißt es zu den Völkerschauen:

„Lebensecht war an den Schauen indigener Stämme und Völker nicht viel: Ihre Hauptattraktionen waren Spektakel mit Tänzen und exotischen Darstellungen der spärlich bekleideten vermeintlichen »Einheimischen«, nicht deren tatsächliche Lebensweisen und Traditionen. Solche Schaustellungen waren zwar für die deutsche Bevölkerung interessante Ereignisse, aber sie verfestig-

Plakat-Anschlag mit Illustrationen, Zoologischer Garten, Schaustellung des Amazonen-Corps aus Dahomé unter der Leitung der Oberkriegerin Gumma, Entwurf: J. C. + A. Bernhardt, Druck: R. Morgenstern, 1891, Lithografie.

historisches museum frankfurt
C08072d, Foto: Horst Ziegenfusz

---

15 Geschichtswettbewerb des Bundespräsidenten 2014/2015 „Anderssein – Außenseiter in der Geschichte", Magazin der Körber-Stiftung, S. 13.

ten Vorurteile: Die Vertreter fremder Kulturen galten entweder als romantisch verklärte »edle Wilde« oder als rückständige »Primitive«. Von diesen konnte sich die »zivilisierte« deutsche Bevölkerung abheben. »Völkerschauen« ... gastierten in vielen deutschen und europäischen Städten. Für die meisten Besucher boten sie die erste und lange Zeit einzige Begegnung mit Menschen anderer Hautfarbe und Bräuche."

Orte des Geschehens

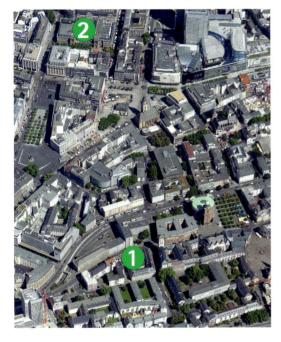

Darstellungsgrundlage: Schrägluftbilder 2014, Ausschnitt; Geobasisdaten: © Stadtvermessungsamt Frankfurt am Main; © Hessische Verwaltung für Bodenmanagement und Geoinformation; Lizenznummer 623-3215-D

❶ Fassadenmalerei des Hauses Zum Vogel Strauß
Bethmannbank, Bethmannstraße 7-9, westliches Ende der Einfassungsmauer; Wandbild des ehemaligen Hauses Zum Vogel Strauß, mehrfach nach Abbrüchen am jeweils neuen Gebäude wiederhergestellt – Das Bild erinnert an die Zurschaustellung eines Straußenvogels aus Tunesien im Jahr 1577. [Kapitel 13.1]

❷ Figurengruppe an der Neuen Börse
Börsenplatz, Figurengruppe in der Wandelhalle der Neuen Börse, ursprüngliche Aufstellung an der Fassade der im 2. Weltkrieg zerstörten alten Börse am Paulsplatz, Mitte des 19. Jh. – Die Figuren belegen einen überheblichen Blick auf andere Völker der Welt, verfügt doch allein „Europa" über Schuhwerk, Wissen und Technik. [Kapitel 13.3]

Rundgänge – Die Orte des Geschehens

Vielleicht wollen Sie nach der Lektüre dieses Buches den einen oder anderen Ort in Frankfurt besuchen, wo sich zum Erzählten heute noch etwas entdecken lässt. Im Folgenden sind dazu die in den Kapiteln genannten Orte in überschaubare Areale gegliedert, die sich bequem in einem Spaziergang erlaufen lassen. Bei den Orten sind die dazugehörigen Kurzbeschreibungen aus allen Themenbereichen zusammengefasst und zuweilen ergänzt. Kapitelverweise ermöglichen eine vertiefende Lektüre zu den Orten.

Ein Hinweis: Es sind nur diejenigen Orte aufgeführt, an denen es noch etwas zu sehen gibt. Ehemalige Standorte wurden in den Kapiteln benannt, sind jedoch in den folgenden Vorschlägen zu Rundgängen nicht berücksichtigt.

Am Römerberg

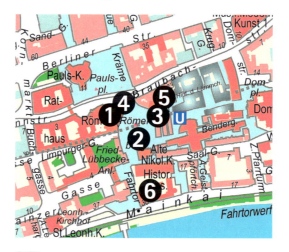

Darstellungsgrundlage: Ausschnitt aus der Stadtkarte 1:10.000; Geobasisdaten: © Stadtvermessungsamt Frankfurt am Main, Stand 10.2015; © Hessische Verwaltung für Bodenmanagement und Geoinformation; Lizenznummer 623-3215-D. Zur leichteren Orientierung erfolgte eine Reduzierung der Kartenbeschriftung sowie Darstellung der voraussichtlich 2018 fertiggestellten Gebäude im Dom-Römer-Bereich (dunkelgrau nachgetragen), beides in Abstimmung mit dem Stadtvermessungsamt.

❶ Römer

Römerberg, Frankfurts Rathaus seit 1405, Kellergewölbe sowie Römer- und Schwanenhalle noch original erhalten;
- Funktion als Rathaus: Orte der Sitzungssäle wechselten, erster Ratssaal war der später sog. Kaisersaal – Der Römer war der Ort der Gesetzgebung über Bürger, Beisassen, Fremde und Juden. Die heute zum Römerkomplex gehörenden Häuser der alten Patriziergesellschaften „Alt-Limpurg" (linkes Haus des „Dreiergiebels") und „Frauenstein" (rechts neben dem „Dreiergiebel"; nur Sandsteinsockel noch original) waren heimliche Machtzentren der Stadt. [Kapitel 3.1]

- Römerhalle: ehemalige Messe-Verkaufshalle für Goldschmiede; zählt zum Kernbestand des Römers als Rathaus ab 1405; heute zugänglich z. B. beim Künstlermarkt während des Weihnachtsmarktes – Der Römerberg bzw. bei Regen die Römerhalle war 1585 erster historischer Börsenort in Frankfurt; von den dreizehn beteiligten Frankfurter Händlern waren zwölf Flüchtlinge aus den Niederlanden. [Kapitel 7.1]
- Kaisersaal: Wiederaufbau nach dem 2. Weltkrieg, teils mit zeitgemäßen Stilelementen, jedoch unter Verwendung der originalen Kaiserbildnisse aus dem 19. Jahrhundert – Der Kaisersaal war seit 1562 Ort des Festbanketts nach Krönungsfeiern. [Kapitel 5.2]

❷ Ochsenküchen-Steine
Römerberg, Straßenpflaster – Im Pflaster vor der Nikolaikirche markieren vier Steine den Standort der Ochsenküche („OK"), an der zu Krönungsfeiern ein kompletter Ochse gebraten wurde. [Kapitel 5.2]

❸ Haus Zum Großen und Kleinen Engel
Römerberg 28/Markt, spätgotisches Fachwerkhaus auf steinernem Sockel von 1562 mit reichem Schnitzwerk auf einem der prominentesten Bauplätze der alten Stadt; Doppelhaus der protestantischen Witwe Anna Steinmetz für ihre beiden Schwiegersöhne als nördlicher Kopfbau des „Samstagsbergs"; Wiederaufbau 1984 nach Kriegszerstörung – Das umlaufende Spruchband am Rähmbalken des ersten Fachwerkgeschosses könnte ein Seitenhieb auf die verfeindete katholische Verwandtschaft sein; im Schnitzwerk der Erkerkonsole möglicherweise Hinweise auf niederländische Handwerker. [Kapitel 8]

❹ Sockelgeschoss und Schnitztafeln des ehemaligen Salzhauses
Römerberg 27, Ecke Braubachstraße; bis zur Kriegszerstörung einer der prächtigsten Renaissance-Fachwerkbauten Deutschlands; beim Wiederaufbau in den 50er-Jahren Integration des historischen Erdgeschosses und einiger der erhaltenen Schnitztafeln in den Neubau – Es handelt sich um Überreste von Christoph Andreas Köhlers Haus (Erbauer), der beim Fettmilch-Aufstand als jüngerer Bürgermeister beteiligt war und schließlich fliehen musste. [Kapitel 9.1]

❺ Steinernes Haus
Markt 44, ehemaliges stattliches Patrizierhaus der Familie Melem, birgt wie der benachbarte Nürnberger Hof [Kapitel 10.4] eine Durchfahrt mit reich verziertem Kreuzrippengewölbe – Die Melems waren eine Einwandererfamilie aus Köln, die es durch geschickte Heiratspolitik in Frankfurt bald zu Einfluss und Macht brachte. [Kapitel 10.1]

❻ Saalhof
Mainkai, alte Königsburg aus der Stauferzeit, direkt am Mainufer erbaut; später zahlreiche Um- und Neubauten in privater Hand; heute Nutzung durch das Historische Museum Frankfurt;

- Saalhofkapelle: Östlichster Bauteil der historischen Gebäude, ältester erhaltener Bau Frankfurts (ohne Eingemeindungen) aus dem Originalbestand der staufischen Pfalz, um 1200 – Die Erbauer waren die wahrhaft interkulturell und interreligiös agierenden Stauferkönige, die auch Sizilien beherrschten. [Kapitel 2.3]
- Bernusbau: Mittlerer Teil des Saalhofes zwischen Rententurm und Burnitzbau, barocker Prachtbau vermutlich reformierter Einwanderer von 1715 – Hier gab es ebenso wie bei der Goldenen Waage intensive Auseinandersetzungen mit der Stadt um die Prachtentfaltung bei der Bauausführung. [Kapitel 7.3]

Rund um den Dom

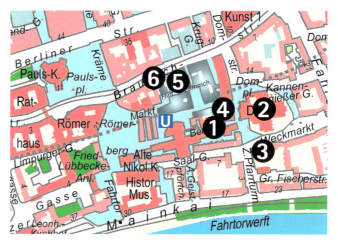

Darstellungsgrundlage: Ausschnitt aus der Stadtkarte 1:10.000; Geobasisdaten: © Stadtvermessungsamt Frankfurt am Main, Stand 10.2015; © Hessische Verwaltung für Bodenmanagement und Geoinformation; Lizenznummer 623-3215-D. Zur leichteren Orientierung erfolgte eine Reduzierung der Kartenbeschriftung sowie Darstellung der voraussichtlich 2018 fertiggestellten Gebäude im Dom-Römer-Bereich (dunkelgrau nachgetragen), beides in Abstimmung mit dem Stadtvermessungsamt.

❶ Archäologischer Garten
Stadthaus am Markt, vor dem Domturm, auf Bodenniveau Grundmauern der karolingischen Kaiserpfalz von 823 sowie Reste römischer und mittelalterlicher Bauten – Hier liegt die Keimzelle Frankfurts, in der sich seit Urzeiten Menschen unterschiedlichster Herkunft begegneten. [Kapitel 2.3]

❷ Dom
- Mädchengrab im Dom: Markierung der Lage des Mädchengrabs aus der Zeit um 700 bis 730 im Eingangsbereich des Langschiffs; Grabbeigaben im Dommuseum – In vier Metern Tiefe findet sich hier die Grabstätte eines merowingischen Adelskindes (Erdbestattung) zusammen mit einem Kind aus einer nordisch-heidnischen Kultur (Feuerbestattung). [Kapitel 2.2]
- Domgarten: Jüdischer Grabstein, nach 1349 im Dom verbaut, Abguss – Hinweis auf die Vernichtung der Jüdischen Gemeinde im Jahr 1349. [Kapitel 4.2]
- Südportal: Südportal des Domes mit Maria und Josef, der einen Judenhut trägt – Zur Erbauungszeit des Portals blickte er anmahnend-einladend auf das erste Judenviertel der Stadt gegenüber. [Kapitel 4.2]

- Wahlkapelle: Südlich am Chorschiff anschließend – Nach langen Verhandlungen wurde die Wahl der Kaiser schließlich in der Wahlkapelle formell vollzogen. Seit 1562 wurden die Kaiser auch im Dom gekrönt (zuvor in Aachen). [Kapitel 5.2]
- Dom und Umgebung: Wirkungsort von Stadtpfarrer Beda Weber von 1848 bis 1858 – Weber kümmerte sich intensiv um die vielen katholischen Saisonarbeiter, Dienstmädchen und Dienstboten seiner Zeit, die einen großen Teil seiner Gemeinde ausmachten und sozial wie rechtlich unterprivilegiert waren. [Kapitel 12]

❸ Leinwandhaus

Weckmarkt 17, städtischer Profanbau von 1399 – Das Leinwandhaus wurde über den Mauern ehemaliger jüdischer Häuser im ersten Judenviertel der Stadt erbaut. [Kapitel 4.2] Von 1688 bis 1690 durfte die Deutsch-reformierte Gemeinde hier gemeinsam mit Soldaten einquartierter hessischer Truppen ausnahmsweise reformierte Gottesdienste feiern. Dies war ansonsten zu dieser Zeit in der Stadt verboten. [Kapitel 6.2.1]

❹ Haus Zur Goldenen Waage

Markt 5, erbaut 1619 von einem reichen Niederländer; Ende des 19. Jahrhunderts von der Stadt zwecks Erhaltung gekauft und als Dependance des Historischen Museums eingerichtet; nach Kriegszerstörung Wiederaufbau und Rekonstruktion einiger reich verzierter Innenräume (Fertigstellung voraussichtlich 2018) – An diesem Gebäude machte sich anfangs der Neid der Einheimischen auf die reichen Zuwanderer fest – genauso wie später die Identifikation der Frankfurter mit „ihrer Altstadt" – bis hin zum Wiederaufbau in unseren Tagen. [Kapitel 7.2]

❺ Haus und Hof Zum Goldenen Lämmchen

Hinter dem Lämmchen 6, Hofzugang auch über Braubachstraße 27, Messehof mit Ursprüngen im 15. Jahrhundert, Hausmadonna aus der Zeit um 1438, Umbauten in der Renaissance und im Barock; nach Kriegszerstörung Wiederaufbau (Fertigstellung voraussichtlich 2018) – Das Lämmchen war im 15. Jahrhundert Sitz der Händlerfamilie Blum, die im Kaufhaus der Deutschen in Venedig vertreten war. [Kapitel 10.2]

❻ Durchgang zum Nürnberger Hof

Tordurchgang mit Kreuzrippengewölbe in der Braubachstaße 31, Rest des Herrenhauses im ehemaligen Messehof zwischen Schnurgasse (Berliner Straße) und Hinter dem Lämmchen, hier bis 2018 Nachbau des Torbogens und des südlichsten Hof-Gebäudes Klein Nürnberg – In diesem Hof logierten nicht nur Nürnberger Kaufleute, sondern auch Kaiser und Albrecht Dürer; die ehemals renommierte Adresse war eines der ersten Domizile der Händlerfamilien Brentano und Guaita aus Italien. [Kapitel 10.4]

Westliche und nördliche Altstadt

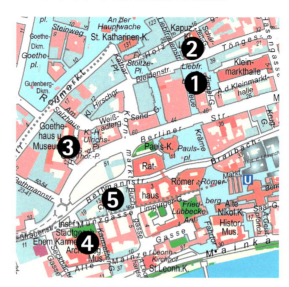

Darstellungsgrundlage:
Ausschnitt aus der Stadtkarte
1:10.000; Geobasisdaten:
© Stadtvermessungsamt
Frankfurt am Main,
Stand 10.2015;
© Hessische Verwaltung
für Bodenmanagement
und Geoinformation;
Lizenznummer 623-3215-D.
Zur leichteren Orientierung
erfolgte eine Reduzierung
der Kartenbeschriftung sowie
Darstellung der voraussichtlich
2018 fertiggestellten Gebäude
im Dom-Römer-Bereich
(dunkelgrau nachgetragen),
beides in Abstimmung mit dem
Stadtvermessungsamt.

❶ Haus Zum Grimmvogel/Zum Paradies
Liebfrauenberg 39/Neue Kräme 34, barocker Nachfolgebau des Patrizierhauses von Siegfried Marburg zum Paradies – Dieser politisch erfolgreiche Einwanderer sicherte im 14. Jahrhundert ein Exemplar der Goldenen Bulle, das Schultheißenamt sowie den Stadtwald für Frankfurt. [Kapitel 10.1]

❷ Grabepitaph Georg Martin Brentanos
Hof der Liebfrauenkirche, neben der Anbetungskapelle in der Ecke unter dem Vordach – Es handelt sich um den ältesten Grabstein (1744) eines Angehörigen der Familie Brentano; Georg Martin Brentano war Dekan der Liebfrauen-Stiftsherren. [Kapitel 10.4]

❸ Goethehaus
Großer Hirschgraben 23, barockes Wohnhaus in der Form nach dem Umbau von 1756, Wiederaufbau kurz nach dem 2. Weltkrieg unter Verwendung originaler Teile im Erdgeschoss; viele Einrichtungsgegenstände haben durch Auslagerung den Krieg überstanden – Das Haus Zu den drei Leiern war bis 1795 Wohnsitz der Familie Goethe. Hier wurde Johann Wolfgang 1749 geboren; im Giebelzimmer des 3. Stocks erlebte und verarbeitete er seine frühe Faszination für den Orient. 1775 verließ er Frankfurt und kam nur noch zu kurzen Besuchen zurück. Das Haus wurde nach dem Tod des Vaters von der Mutter verkauft. [Kapitel 11.1]

❹ Institut für Stadtgeschichte/ehemaliges Karmeliterkloster
Münzgasse 9, ehemaliges Karmeliterkloster, heute Nutzung durch das Institut für Stadtgeschichte sowie das Archäologische Museum (Klosterkirche und Neubau an der Alten Mainzer Gasse);

- Tiefmagazin: unter dem terrassenartigen Vorplatz verborgen – Im Archiv des Instituts für Stadtgeschichte finden sich die Akten zu all dem in diesem Buch Erzählten. Sie lagern größtenteils in einem dreistöckigen Tiefmagazin.
- Annenkapelle: heute Teil des Archäologischen Museums – Das ehemalige Karmeliterkloster beherbergte die Annenbruderschaft, eine internationale Verbindung von Kaufleuten, die das Kloster in vorreformatorischer Zeit in vielfältiger Weise unterstützt hat. Sicher fänden wir in dieser Bruderschaft auch niederländische Kaufleute wieder, lange bevor sie aus ihrer Heimat fliehen mussten. [Kapitel 6.1]
- Ratgeb-Bilder im Kreuzgang und Refektorium: Im Refektorium und im Kreuzgang erschuf Jörg Ratgeb von 1513 bis 1519 das größte Wandbild nördlich der Alpen – Ein solches Kunstwerk wäre in der wenig später beginnenden Reformationszeit in der bald protestantisch geprägten Stadt kaum noch denkbar gewesen. [Kapitel 6; 8]
- Grablegen/Gruft: Nach der Reformation war das Kloster weiter Grablege bedeutender katholischer Familien – So fanden auch viele Brentanos aus Italien hier ihre letzte Ruhe (Grabstätten sind nicht erhalten). [Kapitel 10.4]

❺ Fassadenmalerei des Hauses Zum Vogel Strauß
Bethmannbank, Bethmannstraße 7-9, westliches Ende der Einfassungsmauer; Wandbild des ehemaligen Hauses Zum Vogel Strauß, mehrfach nach Abbrüchen am jeweils neuen Gebäude wiederhergestellt – Das Bild erinnert an die Zurschaustellung eines Straußenvogels aus Tunesien im Jahr 1577. [Kapitel 13.1]

Ehemalige Judengasse

Darstellungsgrundlage:
Ausschnitt aus der Stadtkarte
1:10.000; Geobasisdaten:
© Stadtvermessungsamt
Frankfurt am Main,
Stand 10.2015;
© Hessische Verwaltung
für Bodenmanagement
und Geoinformation;
Lizenznummer 623-3215-D.
Zur leichteren Orientierung
erfolgte eine Reduzierung
der Kartenbeschriftung
in Abstimmung mit dem
Stadtvermessungsamt.

❶ Staufermauer
Fahrgasse/An der Staufenmauer
- Reste der staufischen Stadtbefestigung – Die Staufermauer markiert die erste große Blütezeit der Stadt. [Kapitel 2.3]
- An dieser Stelle zugleich Grenzmauer zur Judengasse – Die Staufermauer steht hier auch für den problematischen Umgang mit den jüdischen Einwohnern. [Kapitel 4.3]
- Torbogen in der Verlängerung der Töngesgasse – Der Torbogen markiert in etwa einen der drei historischen Zugänge zur Judengasse, die im Fettmilch-Aufstand 1614 geplündert wurde. [Kapitel 9.2]

❷ Museum Judengasse
Kurt-Schumacher-Straße 10, zugewiesenes Wohnviertel der Juden von 1462 bis 1796;
- Grundmauern von Teilen der Judengasse – Hier lassen sich sogar zwei jüdische rituelle Bäder (Mikwen) besichtigen. [Kapitel 3.2; 4.3]
- Schauplatz des Fettmilch-Aufstandes – Die Judengasse wurde im Fettmilch-Aufstand 1614 geplündert, die Bewohner vertrieben. [Kapitel 9.2]

❸ Alter Jüdischer Friedhof
Battonnstraße/Börneplatz (Gedenkstätte), zweitältester jüdischer Friedhof Deutschlands, ältester Grabstein von 1272, Friedhofsmauer mit Namen der 12.000 von den Nazis ermordeten Juden Frankfurts;
- Enthielt vor Zerstörungen im 2. Weltkrieg 6.500 Grabsteine – Dieser Friedhof ist Grabstätte für Juden (nicht nur aus Frankfurt) aus sechs Jahrhunderten. [Kapitel 4.3]
- Schauplatz des Fettmilch-Aufstandes – Hierhin flüchteten sich die Juden während der Plünderung der Judengasse im Fettmilch-Aufstand 1614; nach einer durchwachten Nacht wurden sie aus der Stadt getrieben. [Kapitel 9.2]

Neustadt/Innenstadt

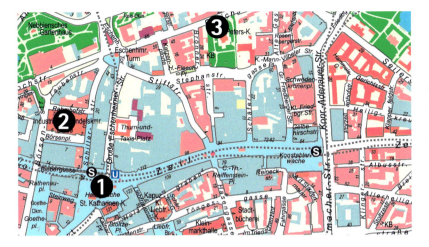

Darstellungsgrundlage:
Ausschnitt aus der Stadtkarte
1:10.000; Geobasisdaten:
© Stadtvermessungsamt
Frankfurt am Main,
Stand 10.2015;
© Hessische Verwaltung
für Bodenmanagement
und Geoinformation;
Lizenznummer 623-3215-D.
Zur leichteren Orientierung
erfolgte eine Reduzierung
der Kartenbeschriftung
in Abstimmung mit dem
Stadtvermessungsamt.

❶ Hauptwache
Erbaut 1728, Wiederaufbau in mehreren Etappen nach dem 2. Weltkrieg – Die Hauptwache war ehemaliger Sitz der Stadtwehr und Gefängnis mit Verhörräumen. [Kapitel 3.3]

❷ Figurengruppe an der Neuen Börse
Börsenplatz, Figurengruppe in der Wandelhalle der Neuen Börse, ursprüngliche Aufstellung an der Fassade der im 2. Weltkrieg zerstörten alten Börse am Paulsplatz, Mitte des 19. Jahrhunderts – Die Figuren belegen einen überheblichen Blick auf andere Völker der Welt, verfügt doch allein „Europa" über Schuhwerk, Wissen und Technik. [Kapitel 13.3]

❸ Peterskirchhof
Stephanstraße, rund um die Kirche Sankt Peter, ältester christlicher Friedhof der Stadt – Eine Reihe von Grabstätten niederländischer Einwandererfamilien findet sich bis heute auf dem Peterskirchhof. [Kapitel 6]

Im weiteren Stadtgebiet

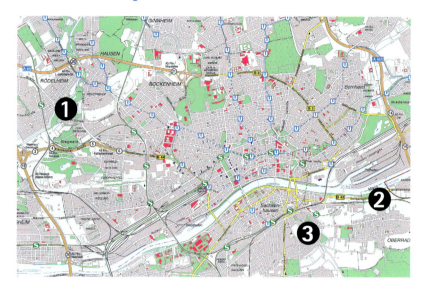

Darstellungsgrundlage:
Ausschnitt aus der Stadtkarte
1:50.000 (Stand 2012),
© Stadtvermessungsamt
Frankfurt am Main, dl-de/by-2-0

❶ Brentanopark und Brentanobad
Rödelheimer Parkweg, ehem. Park um das Landhaus von Georg Brentano (1775 bis 1851), später in städtischen Besitz gelangt, Umgestaltung unter Stadtbaurat Ernst May und Anlage des Brentanobades – Nach Kriegszerstörung des Landhauses erinnern noch Küchenbau, Gartenhäuschen und Petrihäuschen an diesen Zweig der Brentanos. [Kapitel 10.4]

❷ Gerbermühle
Oberrad, Gerbermühlstraße 105, alte Mühle und Gerberei, von der Bankiersfamilie Willemer 1785 zum Sommersitz umgebaut, starke Kriegszerstörung, Wiederaufbau in den 70er-Jahren und nach 2001 – Die Gerbermühle war Ort zahlreicher Begegnungen zwischen Marianne von Willemer und Johann Wolfgang Goethe, auch der Feier zu seinem 66. Geburtstag 1815. [Kapitel 11.2]

❸ Willemerhäuschen
Sachsenhausen, Hühnerweg 74, klassizistisches Gartenhaus aus dem frühen 19. Jahrhundert, Rekonstruktion nach Kriegszerstörung – Das Häuschen im Besitz der Familie Willemer war Treffpunkt von Marianne und Johann Wolfgang Goethe. [Kapitel 11.2]

Dank

Ein herzliches Dankeschön geht an alle, die mich im Studienurlaub und bei dem daraus entstandenen Buchprojekt unterstützt haben. Ohne die Mithilfe vieler Menschen in der Gemeinde und darüber hinaus kann ein Pfarrer ein solches Vorhaben nicht bewerkstelligen. Besonders genannt werden sollen:

- Björn Wissenbach, Stadthistoriker, Mentor im Studienurlaub
- Beate Kolberg, Leiterin des Referats Organisation und Meldewesen, Helmut Müller, ehem. Leiter, beide zuständig für die Schriftenreihe des Evangelischen Regionalverbands Frankfurt am Main
- Hans-Jürgen Manigel, Satz und Layout
- Druckerei Chmielorz, Wiesbaden
- Brigitte Bruckschen-Levin, redaktionelle Unterstützung und Schlusskorrektur
- Martina Kühn und Manfred Kühn, Textkorrekturen
- Manfred Kühn, Mithilfe bei der Bildrecherche
- Dr. Michael Matthäus, Manuela Murmann, Tobias Picard, Franziska Hartleb, Monika Lauria, Ulrike Heinisch, Claudia Schüßler sowie stellvertretend für das Lesesaalteam Alfred Zschietzschmann, Institut für Stadtgeschichte Frankfurt am Main
- Heike Krahl, Beate Dannhorn, Dr. Gabriela Betz, Historisches Museum Frankfurt am Main
- Fritz Backhaus, Jüdisches Museum Frankfurt
- Prof. Dr. August Heuser, Dommuseum Frankfurt
- Prof. Dr. Matthias Theodor Kloft, Diözesanmuseum Limburg und Diözesankonservator
- Prof. Dr. Egon Wamers, Sybille Lorenz, Tessa Maletschek, Archäologisches Museum Frankfurt
- Andreas Wehrheim, Freies Deutsches Hochstift – Frankfurter Goethe-Museum
- Dr. Christof Metzger, Albertina Wien
- Nitu Ghoshal, Dagmar Kurowski, Renate Melcher, Jens Eckhardt, Stadtvermessungsamt Frankfurt
- Volkmar Hepp, Architekt beim Wiederaufbau des Leinwandhauses
- Patrick Brummermann, DomRömer GmbH

- Pfr. Bendix Balke, Evangelische Französisch-reformierte Gemeinde Frankfurt
- Pfr. Jürgen Moser, ehem. Dekan des Dekanats Nord, Prodekan Holger Kamlah und Stadtdekan Dr. Achim Knecht, Evangelisches Stadtdekanat Frankfurt am Main
- Dr. Claudia Heuser-Mainusch, Kirchenvorstandsvorsitzende, Prädikantinnen und Prädikanten, Kolleginnen und Kollegen in der Gemeindearbeit

Ein ganz besonderer Dank gilt meiner Frau und meinen beiden Kindern, die mich so manche Stunde entbehrt haben.

Literatur

Immigration allgemein
- Eine Stadt und ihre Einwanderer. 700 Jahre Migrationsgeschichte in Frankfurt am Main, Ernst Karpf (Verf.), Magistrat der Stadt Frankfurt am Main – Amt für multikulturelle Angelegenheiten (Hrsg.), Campus Frankfurt/New York 2013.
- Globale Migration. Geschichte und Gegenwart, Jochen Oltmer, München, Beck, 2012.

Stadtgeschichte allgemein
- Kirchengeschichte von Frankfurt am Main seit der Reformation, Hermann Dechent, Leipzig - Frankfurt am Main, Bd. I 1913 Bd. II 1921.
- „Lersner-Chronik": Der weit-berühmten freyen Reichs-, Wahl- und Handelsstadt Franckfurt am Mayn Chronica oder ordentliche Beschreibung der Stadt Franckfurt Herkunfft und Auffnehmen wie auch allerley denckwürdige Sachen u. Geschichten, so bey der röm. Königen u. Kayser Wahl u. Crönungen …, vorgegangen nebst denen Veränderungen, die sich in weltl. u. geistl. Sachen nach u. nach zugetragen haben, anfänglich durch Gebhard Florian an Tag gegeben. Anjetzo aber aus vielen Autoribus u. Manuscriptis vermehret, mit nöthigen Kupffern gezieret u. per modum annalium verfasset u. zusammen getragen durch Achillem Augustum von Lersner, Gebhard Florian/Achilles August von Lersner [Hrsg.], [Franckfurt a. Mayn], Selbstverl., 1706 (1734).
- Frankfurt um 1850 - nach Aquarellen und Beschreibungen von Carl Theodor Reiffenstein und dem Malerischen Plan von Friedrich Wilhelm Delkeskamp, Hans Lohne (Verf.), Frankfurt am Main, Kramer, 1967.
- Örtliche Beschreibung der Stadt Frankfurt am Main, von Johann Georg Battonn; aus dessen Nachlasse hrsg. von dem Vereine für Geschichte und Alterthumskunde zu Frankfurt a. M. durch L[udwig] H[einrich] Euler, Frankfurt am Main, Verlag des Vereins, 1861-75, Hefte 1-7.
- Frankfurter Biografie. Personengeschichtliches Lexikon, im Auftrag der Frankfurter Historischen Kommission herausgegeben von Wolfgang Klötzer, Frankfurt am Main, Kramer, 1996 (zwei Bände).
- Frankfurt Chronik, hrsg. und verlegt von Waldemar Kramer, 3., erw. Aufl., Frankfurt am Main, Kramer, 1987.
- Weither suchen die Völker sie auf. Die Geschichte der Frankfurter Messe, Hans-Otto Schembs, Frankfurt am Main, Knecht, 1985.

Baudenkmäler
- Die Baudenkmäler in Frankfurt am Main, Bd. 1 Kirchenbauten , Erscheinungsjahr: 1896/ Bd. 2 Weltliche Bauten, Erscheinungsjahr: 1898/Bd. 3 Private Bauten, Erscheinungsjahr: 1914, Gesamtwerk: Die Baudenkmäler in Frankfurt am Main, Carl Wolff, Frankfurt am Main, Völcker.
- Madern Gerthener und der Pfarrturm von St. Bartholomäus. 600 Jahre Frankfurter Domturm, hrsg. von Bettina Schmitt und Ulrike Schubert, Regensburg, Schnell & Steiner, 2015.
- Artikel: „Bernusbau", Hrsg.: Wikipedia, Die freie Enzyklopädie. Autor(en): Wikipedia-Autoren, siehe Versionsgeschichte; Datum der letzten Bearbeitung: 2. Oktober 2014, 07:46 UTC; Versions-ID der Seite: 134534727; Permanentlink: http://de.wikipedia.org/w/in-

dex.php?title=Bernusbau&oldid=134534727; Datum des Abrufs: 2. März 2015, 11:12 UTC.
- Artikel „Goldenes Lämmchen", Hrsg.: Wikipedia, Die freie Enzyklopädie. Autor(en): Wikipedia-Autoren, siehe Versionsgeschichte; Datum der letzten Bearbeitung: 29. November 2014, 20:28 UTC; Versions-ID der Seite: 136303663, Permanentlink: http://de.wikipedia.org/w/index.php?title=Goldenes_L%C3%A4mmchen&oldid=136303663; Datum des Abrufs: 16. Februar 2015, 14:01 UTC.
- Das Anwesen „Zum Goldenen Lämmchen". Ein Exposé von Stadthistoriker Björn Wissenbach für die DomRömer GmbH. Veröffentlichung in der DomRömer Zeitung Nr. 4 (Juli/August 2011), Seite 5.
- Artikel: „Großer und Kleiner Engel", Hrsg.: Wikipedia, Die freie Enzyklopädie. Autor(en): Wikipedia-Autoren, siehe Versionsgeschichte; Datum der letzten Bearbeitung: 25. Januar 2015, 13:32 UTC; Versions-ID der Seite: 138145663; Permanentlink: http://de.wikipedia.org/w/index.php?title=Gro%C3%9Fer_und_Kleiner_Engel&oldid=138145663; Datum des Abrufs: 16. Februar 2015, 15:32 UTC.
- Das Haus Zur Goldenen Waage – Holländisches Prunkstück mit Neidfaktor. Ein Exposé von Stadthistoriker Björn Wissenbach für die DomRömer GmbH. Veröffentlichung in der DomRömer Zeitung Nr. 1 (Okt. 2010), Seite 6.
- Artikel: „Saalhof", Hrsg.: Wikipedia, Die freie Enzyklopädie. Autor(en): Wikipedia-Autoren, siehe Versionsgeschichte; Datum der letzten Bearbeitung: 2. August 2014, 16:16 UTC; Versions-ID der Seite: 132722124; Permanentlink: http://de.wikipedia.org/w/index.php?title=Saalhof&oldid=132722124; Datum des Abrufs: 16. September 2014, 14:18 UTC.

Frühe Geschichte der Stadt
- Archäologische Grabungen im Dom, das merowingische „Mädchengrab" und die Vorgängerkirchen, Andrea Hampel, in: Robert Sommer [Red.]: Dombaumeistertagung Frankfurt am Main 2012: Tagungsband; Internationale Tagung der Dombaumeister, Münsterbaumeister und Hüttenmeister in Frankfurt am Main, 25.-29. September 2012, Frankfurt am Main, Henrich Ed., 2013, S. 38-47.
- Von der Steinzeit zur Stauferstadt. Die frühe Geschichte von Frankfurt am Main, Ernst Mack, Frankfurt am Main, Knecht, 1994.
- Franconofurd 2. Antiquarische und naturwissenschaftliche Untersuchungen zum spätmerowingischen Adelsgrab im Frankfurter Dom, Egon Wamers (Hrsg.), Schriften des Archäologischen Museums Frankfurt am Main Band 22/2, Regensburg, Schnell & Steiner, 2015.

Fremde in der Stadt – Regelungen und Konflikte
- 750 Jahre Messen in Frankfurt. Die Frankfurter Messe. Besucher und Bewunderer. Literarische Zeugnisse aus ihren ersten acht Jahrhunderten, hrsg. von Johannes Fried, Frankfurt am Main, Umschau, 1990.
- Bürger, Fremde, Minderheiten (Raum 4), Thomas Bauer, in: Lothar Gall [Hrsg.]: FFM 1200: Traditionen und Perspektiven einer Stadt, Sigmaringen, Thorbecke, 1994, S. 107-152.
- Die Freie Stadt (Raum 6), Agnete von Specht, in: Lothar Gall [Hrsg.]: FFM 1200: Traditionen und Perspektiven einer Stadt, Sigmaringen, Thorbecke, 1994, S. 183-238.

- Bürger, Beisassen, Fremde, Juden. Zur Herrschaftsordnung der freien Reichsstadt Frankfurt am Main im 18. Jahrhundert, Rainer Koch, in: Wahl und Krönung in Frankfurt am Main, Band I.: Der Forschungsstand, Rainer Koch [Hrsg.]:, Frankfurt am Main, Historisches Museum, 1986, S. 35-43.
- Am Rande der Messe: Bettler, Diebe, Dirnen und Schausteller, Thomas Bauer, in: Brücke zwischen den Völkern, Band II. Beiträge zur Geschichte der Frankfurter Messe, hrsg. von Patricia Stahl u. a., Frankfurt am Main, 1991, S. 308-327.
- Von Unfug und bürgerlicher Wohlfahrt. Policeygesetzgebung in Frankfurt 1329-1806, Henrik Halbleib, Archiv für Frankfurts Geschichte und Kunst, Band 68, Frankfurt am Main, Kramer, 2002, S. 151-165.
- Repertorium der Policeyordnungen der Frühen Neuzeit, Bd. 5. Reichsstädte 1: Frankfurt am Main, hrsg. von Henrik Halbleib und Inke Worgitzki, Frankfurt am Main, Klostermann, 2004.
- Provokationen en passant: der Stadtfrieden, die Ehre und Gewalt auf der Straße (16.-18. Jahrhundert), Joachim Eibach, in: Archiv für Frankfurts Geschichte und Kunst, Band 68, Frankfurt am Main, Kramer, 2002, S. 201-215.

Jüdische Gemeinde und Fettmilch-Aufstand
- Das Leinwandhaus zu Frankfurt am Main (Festschrift zur Einweihung des neuerbauten Leinwandhauses im März 1984), Red.: Günter Vogt; Konzeption und Herstellungsleitung: Kurt Lotz, Hrsg.: Stadt Frankfurt am Main, Dezernat Kultur und Freizeit; Amt f. Wissenschaft und Kunst, 1984.
- 1612-1616. Der Fettmilchaufstand; sozialer Sprengstoff in der Bürgerschaft, Rainer Koch, in: Archiv für Frankfurts Geschichte und Kunst, Band 63, Frankfurt am Main, Kramer, 1997, S. 59-79.
- Die Juden in der Reichsstadt Frankfurt am Main zur Zeit des Fettmilch-Aufstandes 1612-1616, Jutta E. Rolfes, in: Archiv für Frankfurts Geschichte und Kunst, Band 63, Frankfurt am Main, Kramer, 1997, S. 223-238.
- Artikel „Frankfurter Judengasse", Hrsg.: Wikipedia, Die freie Enzyklopädie. Autor(en): Wikipedia-Autoren, siehe Versionsgeschichte; Datum der letzten Bearbeitung: 24. August 2014, 11:17 UTC; Versions-ID der Seite: 133376879; Permanentlink: http://de.wikipedia.org/w/index.php?title=Frankfurter_Judengasse&oldid=133376879; Datum des Abrufs: 15. September 2014, 15:28 UTC.
- Artikel „Fettmilch-Aufstand", Hrsg.: Wikipedia, Die freie Enzyklopädie. Autor(en): Wikipedia-Autoren, siehe Versionsgeschichte; Datum der letzten Bearbeitung: 29. August 2014, 21:44 UTC; Versions-ID der Seite: 133546669; Permanentlink: http://de.wikipedia.org/w/index.php?title=Fettmilch-Aufstand&oldid=133546669; Datum des Abrufs: 15. September 2014, 15:38 UTC.
- Artikel: „Salzhaus (Frankfurt am Main)", Hrsg.: Wikipedia, Die freie Enzyklopädie. Autor(en): Wikipedia-Autoren, siehe Versionsgeschichte; Datum der letzten Bearbeitung: 20. September 2014, 14:32 UTC; Versions-ID der Seite: 134202200; Permanentlink: http://de.wikipedia.org/w/index.php?title=Salzhaus_(Frankfurt_am_Main)&oldid=134202200; Datum des Abrufs: 24. September 2014, 08:08 UTC.

Wahl- und Krönungsjahr 1562 und die türkische Gesandtschaft
- Warhafftige Beschreibung, welcher gestalt die Königkliche wirde Maximilian und Frewlein Maria, ... zu Böhmischen König und Königin in Prag den 20. Septem-

bris dieses 1562 Jars gekrönt worden. Item: Wie hochgedachter Maximilian etc. zu Franckfurt am Mayn den 24. Novemb. deß gemeldten 1562. Jars ... erwehlet und ... allda in der Pfarrkirchen zu S. Bartholome gekrönet worden. Auch Ebrahim Strotschen, deß Türckischen Keysers Bottschafft für Röm. Key. Mt ... anbringen ... Und Gründtlichen verzeichniß aller Potentaten, Keyser, König, Chur, und Fürsten ..., die auff dieser Waal und krönung persönlich gewesen und erschienen sind, Frankfurt am Main, Georg Raben, Feyerabend, Hanen, 1563 (Druck 1613, gebunden in: Friedenstractation. München 1913) [Institut für Stadtgeschichte, Signatur Qu 7/8].

- Ein europäischer Tag in Frankfurt 1562. Die „Relación de la manera que Maximiliano il Rey de Romanos ... fue coronado", Armin Wolf, in: Centralismo y autonomismo en los siglos XVI - XVII; 1989 [Institut für Stadtgeschichte, Signatur Sondr 1627].
- Türkische Gesandtschaften ins Reich am Beginn der Neuzeit - Herrschaftsinszenierung, Fremdheitserfahrung und Erinnerungskultur. Die Gesandtschaft des Ibrahim Bey von 1562, Harriet Rudolph, in: Das Osmanische Reich und die Habsburgermonarchie. Akten des internationalen Kongresses zum 100-jährigen Bestehen des Instituts für Österreichische Geschichtsforschung, Wien, 22.-25. September 2004, Herausgegeben von Marlene Kurz, Martin Scheutz, Karl Vocelka und Thomas Winkelbauer, Sonderdruck, R. Oldenbourg Verlag Wien, München 2005.
- Von der ‚Türkengefahr' zu Exotismus und Orientalismus: Der Islam als Antithese Europas (1453–1914)?, Felix Konrad, in: Europäische Geschichte Online (EGO), hrsg. vom Institut für Europäische Geschichte (IEG), Mainz 2010-12-03. URL: http://www.ieg-ego.eu/konradf-2010-de URN: urn:nbn:de:0159-20101025120 [2016-01-03].
- Fremde in der Stadt. Zehn Essays über Kultur und Differenz, Werner Schiffauer, Frankfurt am Main, Suhrkamp, 1997.
- Artikel „Osmanisches Reich", Hrsg.: Wikipedia, Die freie Enzyklopädie. Autor(en): Wikipedia-Autoren, siehe Versionsgeschichte; Datum der letzten Bearbeitung: 14. September 2014, 10:18 UTC; Versions-ID der Seite: 134017196; Permanentlink: http://de.wikipedia.org/w/index.php?title=Osmanisches_Reich&oldid=134017196; Datum des Abrufs: 15. September 2014, 15:33 UTC.
- Artikel „Christentum und Judentum im Osmanischen Reich", Hrsg.: Wikipedia, Die freie Enzyklopädie. Autor(en): Wikipedia-Autoren, siehe Versionsgeschichte; Datum der letzten Bearbeitung: 22. April 2014, 07:07 UTC; Versions-ID der Seite: 129729887; Permanentlink: http://de.wikipedia.org/w/index.php?title=Christentum_und_Judentum_im_Osmanischen_Reich&oldid=129729887; Datum des Abrufs: 15. September 2014, 15:36 UTC.

Niederländische (und englische) Glaubensflüchtlinge

- Die Eingliederung der niederländischen Glaubensflüchtlinge in die Frankfurter Bürgerschaft 1554-1596. Auszüge aus den Frankfurter Ratsprotokollen, Hermann Meinert [Hrsg.], Frankfurter Historische Kommission/Evangelisch-Reformierte Gemeinde Frankfurt am Main, Frankfurt am Main, Kramer, 1981.
- Das Protokollbuch der Niederländischen Reformierten Gemeinde zu Frankfurt am Main 1570-1581, bearb. und hrsg. von Hermann Meinert und Wolfram Dahmer; historische Einführung von Hermann Meinert, Frankfurt am Main, Kramer, 1977.
- Glaube Macht Kunst. Antwerpen – Frankfurt um 1600 = Faith power(s) art. Antwerp – Frankfurt around 1600. Ausstellung des Historischen Museums Frankfurt, 16. November 2005 bis 12. Februar 2006, hrsg. von Frank Berger. Frankfurt am Main, Socie-

täts-Verl., 2005, Text dt. und engl. (Schriften des Historischen Museums Frankfurt. Bd. 25).

- Frankfurt Stadt der Einwanderer. Ein gemeinsames Projekt der historischen Museen und Institutionen Frankfurts, hrsg. im Auftrag des Kulturdezernats der Stadt Frankfurt am Main vom Archäologischen Museum, Konzeption und Texte: Fritz Backhaus, Manuela Murmann, Angelika Schmidt-Herwig, Wolf von Wolzogen u. a.. Red.: Katja Rödel – Abschnitt Glaubensflüchtlinge. Materialsammlung und Arbeitsblätter der Archivdidaktik im Institut für Stadtgeschichte Frankfurt am Main, Loseblattsammlung.

- Johannes Calvin und die reformierten Flüchtlingsgemeinden in Frankfurt am Main, Wolf-Friedrich Schäufele, in: Jahrbuch der Hessischen Kirchengeschichtlichen Vereinigung. Schwerpunktthema: Calvin, Calvinisten und Calvinismus in Hessen, Urheber: Hessische Kirchengeschichtliche Vereinigung (Darmstadt), Darmstadt, VDHKV, 2010.

Italienische Händler in Frankfurt

- „Ich erzählte ihm von der sämtlichen italienischen Familien ..." Die Präsenz von Händlern vom Comer See in Frankfurt im 17. und 18. Jahrhundert, Christiane Reves, in: Archiv für Frankfurts Geschichte und Kunst, Band 68, Frankfurt am Main, Kramer, 2002, S. 309-326.

- Vom Pomeranzengängler zum Großhändler? Netzwerke und Migrationsverhalten der Brentano-Familien im 17. und 18. Jahrhundert, Christiane Reves, Paderborn [u. a.], Schöningh, 2012 (1. Reihe: Studien zur historischen Migrationsforschung (SHM) 23)/ Zugl.: Würzburg, Univ., Diss., 2005.

- Artikel: „Brentano", Hrsg.: Wikipedia, Die freie Enzyklopädie. Autor(en): Wikipedia-Autoren, siehe Versionsgeschichte; Datum der letzten Bearbeitung: 31. Juli 2014, 20:05 UTC; Versions-ID der Seite: 132673349; Permanentlink: http://de.wikipedia.org/w/index.php?title=Brentano&oldid=132673349; Datum des Abrufs: 15. September 2014, 15:40 UTC.

Goethe und der Islam – West-östlicher Divan

- „Denn das Leben ist die Liebe ..." Marianne von Willemer und Goethe im Spiegel des West-Östlichen Divans, herausgegeben von Hendrik Birus und Anne Bohnenkamp, Freies Deutsches Hochstift – Frankfurter Goethe-Museum, 2014.

- Artikel „Hafis", Hrsg.: Wikipedia, Die freie Enzyklopädie. Autor(en): Wikipedia-Autoren, siehe Versionsgeschichte; Datum der letzten Bearbeitung: 24. Oktober 2014, 11:05 UTC; Versions-ID der Seite: 135167518; Permanentlink: http://de.wikipedia.org/w/index.php?title=Hafis&oldid=135167518; Datum des Abrufs: 31. Oktober 2014, 14:45 UTC.

- Artikel „Marianne von Willemer", Hrsg.: Wikipedia, Die freie Enzyklopädie. Autor(en): Wikipedia-Autoren, siehe Versionsgeschichte; Datum der letzten Bearbeitung: 30. Juli 2014, 06:15 UTC; Versions-ID der Seite: 132617183; Permanentlink: http://de.wikipedia.org/w/index.php?title=Marianne_von_Willemer&oldid=132617183; Datum des Abrufs: 31. Oktober 2014, 14:47 UTC.

- Artikel „West-östlicher Divan", Hrsg.: Wikipedia, Die freie Enzyklopädie. Autor(en): Wikipedia-Autoren, siehe Versionsgeschichte; Datum der letzten Bearbeitung: 29. Oktober 2014, 23:54 UTC; Versions-ID der Seite: 135343574; Permanentlink: http://de.wikipedia.org/w/index.php?title=West-%C3%B6stlicher_Divan&oldid=135343574; Datum des Abrufs: 31. Oktober 2014, 14:47 UTC.

- Artikel „Johann Jacob Gottlieb Scherbius", Hrsg.: Wikipedia, Die freie Enzyklopädie. Autor(en): Wikipedia-Autoren, siehe Versionsgeschichte; Datum der letzten Bearbeitung: 1. Juni 2014, 10:46 UTC; Versions-ID der Seite: 130927883; Permanentlink: http://de.wikipedia.org/w/index.php?title=Johann_Jacob_Gottlieb_Scherbius&oldid=130927883; Datum des Abrufs: 31. Oktober 2014, 14:48 UTC.

Die Fulder Börse: Arbeitsmigration des 19. Jahrhunderts
- Beda Weber. Eine typische Seelsorgergestalt des neunzehnten Jahrhunderts, mit besonderer Berücksichtigung der Liturgie, Martin Angerer, Innsbruck/München, Wagner, 1970.
- Zeitungsbeiträge in der Sammelmappe „Fulder Börse" des Instituts für Stadtgeschichte Frankfurt am Main [Institut für Stadtgeschichte, Signatur S3/8299].
- Zeitungsbeiträge in der Sammelmappe „Dienstmädchen" des Instituts für Stadtgeschichte Frankfurt am Main [Institut für Stadtgeschichte, Signatur S3/12542].

Handelsverträge des 19. Jahrhunderts mit dem Osmanischen Reich
- Verträge der Freien Stadt Frankfurt. Ratifikation der Hohen Pforte vom Ende April 1841 zu dem am 22.10.1840 in Konstantinopel abgeschlossenen Handelsvertrag zwischen dem Osmanischen Reich und dem Deutschen Zollverein [Institut für Stadtgeschichte, Signatur Verträge 430].
- Verträge der Freien Stadt Frankfurt. Osmanische Ratifikation vom 14.05.1862 zu dem am 20.03.1862 in Konstantinopel abgeschlossenen Handelsvertrag (inseriert) zwischen dem Osmanischen Reich und dem Deutschen Zollverein [Institut für Stadtgeschichte, Signatur Verträge 436].

Bildnachweis

Der Bildnachweis wird direkt bei den Abbildungen geführt. Zu einigen Abbildungen erfolgt hier ein ergänzender Bildnachweis. Insofern ein ausführlicher Nachweis lizenzrechtlich erforderlich ist, wird bei der Abbildung auf die Ergänzungen hier verwiesen.

Der Autor hat sich nach besten Kräften bemüht, die Inhaber der Bildrechte ausfindig zu machen und deren Abdruckerlaubnis einzuholen. Sollte dies im Einzelfall nicht gelungen sein, bitten wir um Nachsicht und Mitteilung an den Evangelischen Regionalverband Frankfurt am Main.

Albertina, Wien
Abdruck mit freundlicher Genehmigung; Foto/Bildquelle: wikimedia commons/gemeinfrei:

- **Seite 134:** Foto/Bildquelle: „Beda Weber Litho" von Adolf Dauthage (+1883) - Originallithographie der Albertina (Wien). Lizenziert unter Gemeinfrei über Wikimedia Commons - https://commons.wikimedia.org/wiki/File:Beda_Weber_Litho.jpg#/media/File:Beda_Weber_Litho.jpg.

Archäologisches Museum Frankfurt
Abbildungen aus: Franconofurd 2. Antiquarische und naturwissenschaftliche Untersuchungen zum spätmerowingischen Adelsgrab im Frankfurter Dom, Egon Wamers (Hrsg.), Schriften des Archäologischen Museums Frankfurt am Main Band 22/2, Regensburg Schnell & Steiner 2015:

- **Seite 20:** Franconofurd 2, Abb. 11, Blick in die holzverschalte Grabkammer.
- **Seite 21:** Franconofurd 2, Abb. 29.1, Pektorale aus dem Grab eines Merowingermädchens.
- **Seite 22:** Franconofurd 2, Abb. 1, Der Domhügel um 700-730.
- **Seite 25:** Franconofurd 2, Abb. 106, Rekonstruktionsvorschlag zu den Bauten der Pfalz Frankfurt an der Mainfurt, um 855.

DomRömer GmbH/HHVISION
Abdruck mit freundlicher Genehmigung der DomRömer GmbH:

- **Seite 24, Seite 84, Seite 112**

Freies Deutsches Hochstift – Frankfurter Goethe-Museum
ergänzende Quellenangaben:

- **Seite 114:** Bildnummer ARTOTHEK: 26291.
- **Seite 121, unten:** Seite und Kupferstich zu Josua 3,1-17, aus der Merian-Bibel von 1704: Matthäus Merian d. Ä. (1593-1650), Biblia, Das ist: Die gantze heilige Schrift Alten und Neuen Testaments, verteutscht durch Martin Luther, Franckfurt am Mayn, Merians, 1704.

- **Seite 123:** David Friedrich Megerlin (1699-1778), Die türkische Bibel oder des Korans allererste teutsche Uebersetzung aus der arabischen Urschrift selbst verfertiget, Franckfurt am Mayn, Garbe, 1772.
- **Seite 124:** Bildnummer ARTOTHEK: 26505.
- **Seite 125, oben:** Der Diwan von Mohammed Schemsed-din Hafis. Aus dem Persischen zum erstenmal ganz übersetzt von Joseph v. Hammer, 2 Bde. Stuttgart, Tübingen, Cotta 1812/1813 (tatsächlich 1814).
- **Seite 125, unten:** Bildnummer ARTOTHEK: 26295.

historisches museum frankfurt
Abdruck mit freundlicher Genehmigung; Foto/Bildquelle: wikimedia commons/gemeinfrei:

- **Seite 41:** Foto/Bildquelle: „Frankfurt Judengasse 1875". Lizenziert unter Gemeinfrei über Wikimedia Commons - https://commons.wikimedia.org/wiki/File:Frankfurt_Judengasse_1875.jpg#/media/File:Frankfurt_Judengasse_1875.jpg; Original: historisches museum frankfurt R0262.
- **Seite 127, Mitte:** Foto/Bildquelle: „Frankfurt Gerbermühle 1862". Lizenziert unter Gemeinfrei über Wikimedia Commons - https://commons.wikimedia.org/wiki/File:Frankfurt_Gerberm%C3%BChle_1862.jpg#/media/File:Frankfurt_Gerberm%C3%BChle_1862.jpg; Original: historisches museum frankfurt C09323.
- **Seite 144, links:** Foto/Bildquelle: „Frankfurt Am Main-Jakob Fuerchtegott Dielmann-FFMADIUSAAUNZ-018-Die Boerse" von Jakob Fürchtegott Dielmann - Jakob Fürchtegott Dielmann: Frankfurt am Main. Album der interessantesten und schönsten Ansichten alter und neuer Zeit. 2. Auflage. Verlag von Carl Jügel, Frankfurt am Main 1848.. Lizenziert unter Gemeinfrei über Wikimedia Commons - https://commons.wikimedia.org/wiki/File:Frankfurt_Am_Main-Jakob_Fuerchtegott_Dielmann-FFMADIUSAAUNZ-018-Die_Boerse.jpg#/media/File:Frankfurt_Am_Main-Jakob_Fuerchtegott_Dielmann-FFMADIUSAAUNZ-018-Die_Boerse.jpg; Original: historisches museum frankfurt N56175.
- **Seite 144, rechts:** Foto/Bildquelle: „Frankfurt Am Main-Jakob Fuerchtegott Dielmann-FFMADIUSAAUNZ-019-Die Boerse innere Ansicht" von Jakob Fürchtegott Dielmann - Jakob Fürchtegott Dielmann: Frankfurt am Main. Album der interessantesten und schönsten Ansichten alter und neuer Zeit. 2. Auflage. Verlag von Carl Jügel, Frankfurt am Main 1848.. Lizenziert unter Gemeinfrei über Wikimedia Commons - https://commons.wikimedia.org/wiki/File:Frankfurt_Am_Main-Jakob_Fuerchtegott_Dielmann-FFMADIUSAAUNZ-019-Die_Boerse_innere_Ansicht.jpg#/media/File:Frankfurt_Am_Main-Jakob_Fuerchtegott_Dielmann-FFMADIUSAAUNZ-019-Die_Boerse_innere_Ansicht.jpg; Original: historisches museum frankfurt N56176.

Institut für Stadtgeschichte
ergänzende Quellenangaben:

- **Seite 53:** [Friedenstractation] Fridens Tractation: was Gestalt dieselbe im October Anno 1610 Durch die Evangelische Unirte Chur: Fürsten und Stände bey der Fürstl. Durchl. Hertzog Maximilian in Bayrn etc. zu München angebracht, auch ... abgehandlet und beschlossen worden. München, 1613, Institut für Stadtgeschichte, Signatur Qu 7/8, Scan Alfred Zschietzschmann.

- **Seite 82:** Institut für Stadtgeschichte, Signatur Französisch-reformierte Gemeinde Nr. 78; Ablichtung freundlicherweise zur Verfügung gestellt von der Evangelischen Französisch-reformierten Gemeinde Frankfurt am Main.

- **Seite 141:** „Der weit-berühmten freyen Reichs-, Wahl- und Handelsstadt Franckfurt am Mayn Chronica oder ordentliche Beschreibung der Stadt Franckfurt: Herkunfft und Auffnehmen wie auch allerley denckwürdige Sachen u. Geschichten, so bey der röm. Königen u. Kayser Wahl u. Crönungen ..., vorgegangen nebst denen Veränderungen, die sich in weltl. u. geistl. Sachen nach u. nach zugetragen haben / anfänglich durch Gebhard Florian an Tag gegeben. Anjetzo aber aus vielen Autoribus u. Manuscriptis vermehret, mit nöthigen Kupffern gezieret u. per modum annalium verfasset u. zusammen getragen durch Achillem Augustum von Lersner. Verfasser: Florian, Gebhard, Beteiligt: Lersner, Achilles August von [1662-1732], Erschienen: [Franckfurt a. Mayn] : Selbstverl., 1706", Institut für Stadtgeschichte, Signatur LS/NR 40601/03-1, Scan Alfred Zschietzschmann.

Städel Museum
ergänzende Quellenangabe:

- **Seite 63:** Bildnummer ARTOTHEK: 12689.

Sonstige:

- **Seite 96:** Original-Abbildung entnommen aus: Carl Wolff, Rudolf Jung: Die Baudenkmäler von Frankfurt am Main, Band 2, 1898, Abb. (Fig.) 276. Foto/Bildquelle: wikimedia commons/gemeinfrei: Von Hochbaudeputation der Stadt Frankfurt am Main - Carl Wolff, Rudolf Jung: Die Baudenkmäler von Frankfurt am Main – Band 2, Weltliche Bauten. Selbstverlag/Völcker, Frankfurt am Main 1898, Gemeinfrei, https://commons.wikimedia.org/w/index.php?curid=4945957; farbliche Bearbeitungen von Holger Wilhelm nach der Information über die erhaltenen Teile in: Wolfgang Dreysse, Björn Wissenbach: Planung Bereich - Dom Römer. Spolien der Altstadt 1. Dokumentation der im Historischen Museum lagernden Originalbauteile Frankfurter Bürgerhäuser, Stadtplanungsamt, Frankfurt am Main 2008.